예술로서의 투기와
삶에 관한 단상들

예술로서의 투기와 삶에 관한 단상들

초판 1쇄 발행 2008년 8월 5일
3쇄 발행 2023년 10월 28일

지은이 딕슨 와츠 Dickson G. Watts
편저자 해동선

펴낸곳 ㈜이레미디어
전화 031-908-8516(편집부), 031-919-8511(주문 및 관리)
팩스 0303-0515-8907
주소 경기도 파주시 문예로 21, 2층
홈페이지 www.iremedia.co.kr   **이메일** mango@mangou.co.kr
등록 제396-2004-35호

편집 김광진, 이남숙   **디자인** 정유정   **마케팅** 김하경
재무총괄 이종미   **경영지원** 김지선

저작권자 ⓒ 이레미디어
이 책의 번역저작권은 이레미디어에 있습니다.
도서출판 이레미디어의 서면 허락 없이 내용의 전부 혹은 일부를 인용하거나 발췌하는 것을 금합니다.

ISBN 978-89-91998-19-3 (03320)

* 가격은 뒤표지에 있습니다.
* 잘못된 책은 구입하신 서점에서 교환해드립니다.
* 이 책은 투자 참고용이며, 투자 손실에 대해서는 법적 책임을 지지 않습니다.

당신의 소중한 원고를 기다립니다.
mango@mangou.co.kr

예술로서의 투기와
삶에 관한 단상들

딕슨 와츠 저 / 해동선 편저

이레미디어

일러두기

이 책은 딕슨 와츠의 『예술로서의 투기Speculation as a Fine Art』와 『삶에 관한 단상들Thoughts on Life』을 번역한 것이다. 딕슨 와츠의 글은 더 이상 보탤 것도 뺄 것도 없이 완벽하다고 생각했다. 따라서 추가적인 설명은 불필요하다고 생각했지만, 책이 워낙 짧고 간결해 자칫 번역을 잘못할 경우 책의 완성도가 떨어질 수 있고, 또 이 책을 읽는 투자자들이 이제 막 주식투자에 입문한 사람부터 수십 년간 투자한 사람들까지 다양할 것이기에 원문의 훌륭함에도 불구하고 부가적인 설명을 넣는 것이 나쁘지 않을 것이라 생각했다. 따라서 제1부에서는 딕슨 와츠의 '투기란 무엇인가?', '절대 법칙', '상대 규칙'의 원문을 번역해 싣고, '삶에 관한 단상들'은 우리말 번역은 물론 원문까지 실었다. 제2부에서는 딕슨 와츠의 글 중간중간에 부가 설명을 넣었다.

투기는 지적 노력을,
도박은 눈먼 기회를 전제로 한다.
투기는 계산에 따른 모험이며,
도박은 계산 없는 모험이다.
투기는 법칙이 있기에 정당함을 인정받고,
도박은 법칙이 없기에 비난받는다.

서 문

　2003년 이후 한국은 대변혁의 시대에 접어들었다. 미국이라는 유일무이의 태양이 서서히 지고 중국이라는 또 하나의 새로운 태양이 떠오르며 새로운 시대의 개막을 알리고 있다. 지금까지 남성 중심의 사회에서 또 하나의 주류 세력으로 여성의 부상도 새로운 시대의 개막을 알리는 징표라 할 수 있다.
　좋든 싫든 우리는 엄청난 변혁의 시대에 살게 되었다. 이러한 변화의 물결은 400년에 한 번씩 돌아오는 큰 파도이며, 이미 노무현 전 대통령의 참여정부를 통해 예비 작업이 펼쳐진 바 있다. 그리고 2008년 들어 본격적인 움직임으로 나타나고 있다.
　변혁의 시대. 이 변혁은 천지개벽, 경천동지의 형태로 전개될 것이다. 우선 미국·중국·일본·러시아를 중심으로 남북문제에 큰 변화가 일어나고 있으며, 이미 한국을 지배해온 정치·관료 세력으로부터 변화가 시작됐다. 이 변화 중에 가장 큰 변화는 경제 세력의 변화일 것이다.
　1인당 국민소득이 2만 달러를 넘어 3만 달러, 4만 달러로 향할 때 가장 발전하는 산업은 금융산업으로 알려져 있다. 그런데 이제 한국의 금융산업에 엄청난 변화가 시작되고 있다. 금융산업 구조개선에 관한 법률(금산법) 완화로 인해 산업자본과 금융자본 간의 장벽이 사라질 것이고, 지주회사 형태로 공기업이 민영화되며 향후 재계 판도는 크게 달라질 것으로 예상된다. 이러한 재편을 위해서 자금 시장이 확대될 것이고(모기지 채권, 정크 본드의 본격적인 도입으로 인한 채권시장의 확대와 투자은행의 본격 대두), M&A 시장이 본격적으로 개막될 것이다.

새로운 변혁의 시대가 개막되며, 금융산업의 지평이 확대되는 것은 필연적 흐름이다. 향후 한국 금융시장에는 수많은 투자 영웅들이 탄생할 것이다. 이미 자산운용시장에는 이름만 대면 누구나 알 수 있는 대스타들이 탄생하고 있으며, 향후 채권시장, 정크본드시장, M&A시장, 헤지펀드시장에서 또 다른 수많은 스타들이 탄생하게 될 것이다.

주식투자를 위한 최선의 방법은 뭐니 뭐니 해도 가치투자다. 따라서 주식투자를 하는 사람들은 벤저민 그레이엄Benjamin Graham에서 시작되어 워렌 버핏Warren Buffett에서 꽃을 피운 가치투자방법을 공부할 필요가 있다(Fundamental Study). 여기에 더해 거래의 메커니즘에 대한 정밀한 이해가 더해진다면 주식투자의 수익은 배가될 수 있을 것이다.

대부분의 사람들은 '투자' 하면 부동산과 주식만을 생각한다. 그러나 세계금융시장에서 가장 큰 비중을 차지하는 것은 주식이 아니라 외환이나 채권이며, 미국의 경우 모기지 시스템이 발달해 부동산까지도 채권시장으로 편입됐다. 이렇듯 선진국으로 갈수록 금융시장이 확대되고, 이렇게 확대되는 외환, 채권시장 투자를 위해서는 거시경제에 대한 지식(Economic Study), 거래에 대한 정밀한 지식(Technical Study), 그리고 인간에 대한 지식(Human Mind and Behavioral Study)이 필요하다.

딕슨 와츠는 미국 투자업계의 3대 분야(효율적 시장투자, 가치투자, 추세추종 매매) 중 추세추종 매매의 종조宗祖라 할 수 있다. 추세추종 매매의 신기원을 이루었던 제시 리버모어Jesse Livermore가 그에게 많은 가르침을 받았으며, 수많은 성공한 추세추종 매매자들이 제시 리버모어로부터 가르침을 받았으니, 딕슨 와츠를 가치투자업계의 벤저민 그레이엄에 비교하는 것도 무리가 아닐 것이다.

금융시장이 본격적으로 팽창하며 투자방법론과 투자철학에 대한 진지한 고민이 진행 중인 이 시점에 딕슨 와츠의 책을 한국에 소개할 수 있어 큰 기쁨을 느낀다. 이 책은 투기(거래)에 대해 100년 이상 진행되어온 여러 가지 의문에 명확한 해답을 내리고 있으며, 거래에서의 성공을 위한 절대 법칙과 상대 규칙, 그리고 성공하는 투자자로서 반드시 필요한 자질에 대해 설명하고 있다.

  저자는 말한다. "내가 말한 규칙들을 실행하는 것은 쉽지 않을 것이다. 오직 재능 있는 사람만이 할 수 있을 뿐……. 예술의 규칙은 오직 예술가 스스로에게만 가치가 있다."

  그가 말하는 성공하는 투자자를 위한 5대 덕목과 거래의 절대 법칙 및 상대 규칙을 마음 속 깊이 새겨 넣고, 인생·사업·사람·사회·언어에 대해 깊이 숙고한다면 예술가(투자자)로서의 길이 멀지 않을 것이다. 잊지 마라. 예술가의 길은 멀고 험하다. 그러나 일단 예술가가 되고 나면 그의 인생은 상상할 수 없을 정도로 풍요로워질 것이다.

해동선
2008년 6월 20일
아셈 연구소에서

CONTENTS

서문 ··· 6

제 1 부

제1장 예술로서의 투기 ··· 14
1. 투기란 무엇인가 ··· 16
2. 절대 법칙 ··· 21
3. 상대 규칙 ··· 23

제2장 삶에 관한 단상들 ··· 30
1. 인생 ··· 32
2. 사업 ··· 78
3. 사람 ··· 86
4. 사회 ··· 93
5. 언어 ··· 97

제 2 부

제3장 투기란 무엇인가? … 102
개인투자자가 인간 심리를 고려해 주식시장이라는
전쟁에서 승리할 수 있는 비결은? … 133
초끈이론과 M이론에서 배우는 주식투자 … 136
만물의 근원에서 배우는 주식투자 … 137

제4장 절대 법칙 … 148
백규白圭와 그의 상업경영이론 … 154
에드 세이코타의 투자 명언 … 158

제5장 상대 규칙 … 160
'바람의 숲'의 투자 좌우명 … 167
주식의 평균 투자기간 … 167
주식시장의 변동성과 외국인, 기관들의 매수 매도에 대해 … 169
투자로 힘들 때 힘이 되는 사람 … 169
장님과 초롱불 … 170

SPECULATION AS A FINE ART AND THOUGHTS ON LIFE

예술로서의 투기와 삶에 관한 단상들

제 1 부

제1장

예술로서의 투기

1. 투기란 무엇인가?

What is Speculation?

본론에 들어가기 전에, 즉 투기라는 예술 규칙에 관해 논하기 전에, 문제를 일반적인 수준에서 다루어보기로 하자. 투기는 과연 올바른 것인가? 상응하는 대가가 돌아오지 않는 거래가 옳은가에 대해서는 의혹과 불신의 눈초리가 늘 있어왔다. 하지만 지금과 같이 조직된 사회에서는 투기가 일정 부분 필요해 보인다.

투기와 도박 사이에는 어떤 차이가 있는가? 이 둘은 종종 혼용되어 사용된다. 이 둘에 대해 정확히 정의를 내리는 것은 어려운 일이다. 정의를 내리는 것은 언제나 어렵다. 예컨대 위트와 유머에 대해 정의를 내린다고 생각해 보자. 하지만 아무리 미묘한 차이가 있다 하더라도, 이 둘은 서로 뒤섞

여 표현되기 마련이다. 투기와 도박에 대해서도 같은 말을 할 수 있다. 투기에도 운의 요소가 있으며, 도박에도 지적 노력의 요소가 있다. 하지만 우리는 최선을 다해 가장 알맞은 정의를 내릴 수 있다.

1 투기는 지적 노력을, 도박은 눈먼 기회를 전제로 한다. 투기는 계산에 따른 모험이며, 도박은 계산 없는 모험이다. 투기는 법칙이 있기에 정당함을 인정받고, 도박은 법칙이 없기에 비난받는다.

2 모든 사업은 어느 정도 투기적 성격을 가지고 있다. 하지만 투기라는 단어는 불확실성이 예외적으로 큰 사업에만 제한되어 사용된다. 초보자들은 투기는 운이 크게 작용하기 때문에 아무런 규칙도, 법칙도 없다고 믿고 있으나 이는 중대한 오류다. 투기의 영역에도 얼마간의 법칙과 규칙이 존재하기 마련이다.

3 거래에서 성공으로 가는 왕도는 없으며 거래로 어떻게 돈을 버는가를 알려주는 것보다 멍청한 짓은 없다. 자기 자신이나 다른 사람들을 위해 한 치의 실수도 없는 확실한 계획을 세우려는 사람은 자기 자신이나 다른 사람을 미혹에 빠뜨릴 뿐이다. 나는 단지 예술적 차원의 거래에 필요한 기본 법칙에 대해 말할 뿐이다. 이 법칙은 절대 법칙과 상대 규칙으로 나뉘며, 상대 규칙은 투자자의 성격, 투자방법, 그가 속한 환경에 따라 달리 적용되어야 한다.

4 거래자에게는 자기 확신, 판단력, 용기, 신중함, 유연성이라는 5대 덕목이 필수적이다.

5 **자기 확신 :** 인간은 스스로 생각하고 그 자신의 확신을 따라야만 한다. 조지 맥도널드George MacDonald는 말한다. "다른 사람의 영혼이나 육체를 가질 수 없는 것처럼 다른 사람의 생각을 가질 수는 없다." 자신을 믿는 것은 성공을 위한 모든 노력의 토대다.

6 판단력 : 인간의 육감(영감·시각·청각·후각·촉각·미각)이 유기적 균형을 이룰 때 판단력이 좋다고 말하며, 이는 거래자에게 필수적이고 근본적인 요소다.

7 용기 : 이성의 판단에 따를 수 있는 자신감을 말한다. 거래자는 미라보Mirabeau의 말을 명심해야 한다. "대담하라. 계속 대담하고, 언제나 대담하라."

8 신중함 : 경계심이나 조심성과 함께 위험을 예측할 수 있는 힘을 말하며 이는 매우 중요하다. 신중함과 용기, 이 둘 사이에서 균형을 이루어야 한다. 신중하게 생각하고, 용기 있게 행동하라. 베이컨Bacon은 말한다. "생각할 때는 모든 위험을 고려해야 하지만 행동할 때는 극도로 치명적이지 않다면 어떤 위험도 생각하지 말아야 한다." 여기에 즉각적인 행동의 원리가 숨어 있다. 일단 마음을 먹으면, 즉시 행동에 나서라. 맥베스Macbeth는 말한다. "지금부터 머리에 떠오른 생각은 금세 이 손으로 행동에 옮길 것이다. 생각하고, 즉시 행동하라."

9 유연성 : 견해를 바꿀 수 있는 능력, 즉 상황을 재해석할 수 있는 힘을 말한다. 에머슨Emerson은 말한다. "관찰하고 또 관찰하는 사람은 당해내기 어렵다."

10 자기 확신, 판단력, 용기, 신중함, 유연성은 거래자에게 필수적인 5대 덕목이다. 하지만 이 덕목들은 균형을 이루어야 한다. 하나의 특성이 부족하거나 과하면 전체적 균형이 무너지고 효과적인 특성의 발현이 어려워진다. 이러한 특성을 고루 갖추고 있는 사람은 드물며, 인생에서처럼 거래에서도 성공하는 사람은 그다지 많지 않으며 실패하는 사람이 많은 이유다.

11 인생의 각 측면에는 거기에 맞는 언어가 있다. 따라서 거래라는 주제를 다루는 데는 필연적으로 우리의 언어를 사용해야 한다. 여기에 제시하는 법칙은 어떤 형태의 거래에도 잘 들어맞는다. 이 법칙은 보편적인 법칙이기 때문이다.

2. 절대 법칙

Laws Absolute

1 절대 과도하게 거래하지 마라. 자본이 허용하는 한도 이상으로 포지션을 취하면 재앙을 당할 것이다. 보유 포지션이 과도하면, 시장이 요동칠 때마다 불안을 느끼기 때문에 판단력이 흐려진다.

2 한 번에 모든 포지션을 바꾸지 마라. 예컨대 매수자의 경우, 어떤 일이 있어도 롱 포지션을 모두 처분하고 그만한 양만큼 숏 포지션을 취하는 실수를 범하지 말아야 한다. 이러한 일은 어쩌다가 운이 좋아 결과가 좋을 수 있지만 매우 위험하다. 이 상황에서 가격이 다시 상승하기 시작

했다고 하자. 그러면 거래자는 마음을 바꾸어 숏 포지션을 취한 물량을 되사는 한편 다시 롱 포지션을 취하게 된다. 그런데 이 판단이 잘못됐을 경우, 거래자는 자신감을 완전히 잃고 패닉 상태에 빠지게 된다. 따라서 원래의 포지션을 바꾸려면 조심스럽게 적정 수준을 지켜야 하며, 그렇게 함으로써 명확한 판단력을 유지하고, 마음의 균형을 유지할 수 있다.

3 재빨리 행동하라. 아니면 아예 아무것도 하지 마라. 위험이 다가온다는 사실을 깨달으면 즉시 행동하라. 하지만 다른 사람들이 위험을 감지하기 전에 행동에 나서지 못했다면, 포지션을 가지고 있거나 일부만을 처분한다.

4 의심스러울 때는 포지션의 양을 줄여야 한다. 보유하고 있는 포지션이 커서 불안할 때 그렇게 해야 한다. 보유한 포지션으로 잠을 이룰 수 없다면 잠들 수 있을 정도까지 포지션을 줄여라.

3. 상대 규칙

Rules Conditional

1 상대 규칙은 천(天, 시간), 지(地, 상황), 인(人, 사람)에 따라 달리 적용되어야 한다. 따라서 이 세 가지 요소에 대한 깊은 통찰이 필요하며, 『삶에 관한 단상들』(인생 · 사업 · 사람 · 사회 · 언어에 관한 단상)에서 이 부분에 대해 통찰력을 얻을 수 있을 것이다.

2 하향 에버리징averaging down보다는 상향 에버리징 averaging up이 더 낫다. 이런 생각은 우리가 흔히 알고 행동하는 것과는 반대된다. 가격 하락 시에 더 많은 포지션을 매수하는 것이 통상적인 에버리징 방법이다. 그러면 포

지션의 평균 구입 단가가 낮아진다. 다섯 번 중 네 번은 이런 방법이 좋은 결과를 가져온다. 결국 가격이 반등하고, 그리하여 손실을 막을 수 있다. 하지만 다섯 번 중 한 번은 가격이 끝도 없이 하락해 포지션을 처분할 무렵에는 막대한 손실을 입는다. 그러면 거래자는 완전히 좌절에 빠지고, 종종 파산하기에 이른다.

3 하지만 우선 적정량의 포지션을 매입하고, 가격이 올라감에 따라 천천히 조심스럽게 포지션을 늘려가는 방법은 정말로 커다란 주의가 요구되는 매매 방법이다. 가격은 대개(다섯 번 중 네 번) 조정을 통해 '평균값point of average'이 된다. 여기에 위험이 존재한다. 평균값에서 포지션을 처분하지 못하면 막대한 손실을 볼 수 있다. 때때로 가격이 끝없이 오르는 상승장을 만나면 커다란 수익을 올릴 수 있다. 이런 거래 방법은 리스크가 작다. 위험은 어느 때고 결코 크지 않으며, 성공하면 수익이 크다. 하지만 이런 방법은 중요한 상승장 또는 하락장이 예상될 때 써야 한다. 상대적으로 안전을 기하자면, 투자 자금을 적정한 수준으로 유지해야 할 것이다.

4 하향 에버리징 전략은 두터운 지갑과 강한 배짱이 필요하다. 대개 사람들은 파산하면 돈과 배짱을 모두 잃는다. 배짱이 세면 시장을 너무 낙관하는 경향이 있다. 하지만 적게 사서 오래 보유하는 성공적인 거래자들도 있다. 그들은 상대적으로 적은 양만을 취급한다. 그들은 장기간 보유할 생각으로 신중하게 시장에 뛰어들기 때문에 가격 변동에 동요하지 않는다. 그들은 판단력이 뛰어난 사람들로 침체기에 사서 경기가 되살아나기를 기다린다. 그들은 거래자라기보다는 투자자라 할 수 있다.

5 일반적으로 적절한 자본의 한계 내에서 매수를 하고, 손실을 보든 이익을 보든 손실은 줄이고 이익은 키우라는 핵심 규칙에 따라 매도하는 것이 좋다. 이익이 생기면 손실도 생기는 법이다. 작은 손실이 생겼을 때 손절매할 용기가 없다거나 너무나도 수익을 내기 원하는 마음은 치명적으로 위험하다. 많은 사람들이 이 때문에 파산한다.

6 여론을 무시해서는 안 된다. 강력한 투기 흐름은 단기간 동안 시장을 지배할 수 있으며, 따라서 우리는 이를 주의 깊게 지켜보아야 한다. 여론에 따라 행동할 때는 조심스러워야 하고, 여론에 거스를 때는 대담하게 행동해야 한다. 시장과 함께 가는 것은 베이시스가 좋을 때조차 위험하다. 시장은 언제라도 방향을 바꿀 수 있으며, 동반자들을 비극으로 몰아간다. 모든 거래자들은 동반자가 많을 때 위험하다는 것을 알고 있다. 시장의 흐름에 역행할 때도 똑같이 주의를 기울여야 한다. 이 주의는 시장 참여자들이 확신을 잃게 되는 흔들림, 동요의 결정적 순간까지 계속되어야 하는데, 이 순간이야말로 강한 체력과 담대한 마음과 충분한 돈으로 대담하게 이용해야 할 순간이다. 시장에도 사람과 같이 맥박이 있다. 의사들이 환자의 진맥을 짚듯이 거래자들도 시장의 맥을 짚어야 한다. 시장의 맥박이 어떠냐에 따라, 언제 그리고 어떻게 행동할 것인지를 결정한다.

7 조용하고 약한 시장은 매도하기 좋은 시장이다. 이런 시장은 보통 하락장으로 나아간다. 하지만 시장이 조용하고 약한 상태에서 활기차게 하락하며, 준공황 혹은 공

황 상태까지 하락했을 때는 적절한 타이밍을 봐가며 매도한 물량을 되사들여야 한다. 반대로 시장이 조용하고 단단한 바닥에서 활기차고 강한 상승을 보이며 과열 상태로 전개될 때는 과감하게 매도해야 한다.

8 시장을 판단할 때, 우연이라는 요소를 간과해서는 안 된다. 아무리 치밀하게 계산한 최상의 판단이라 하더라도 우연한 사건이 발생하기 마련이며 이를 완전히 망가뜨리거나 어긋나게 할 수 있다. 나폴레옹Napoleon은 군사작전 중 이러한 우연의 여지를 고려했다. 계산할 때는 계산할 수 없는 것까지 계산해야 한다. 우연한 사건으로 인한 피해까지 고려할 수 있는 거래자야말로 진정한 고수라 할 수 있다.

9 특별한 정보보다는 일반적인 정보에 따라 행동하는 것이 낫다. 하수는 내부자나 작전 세력의 특별한 속삭임을 갈구하지만, 고수는 경제관료나 대주주가 제공하는 정보조차 원하지 않는다. 국내외 경제 흐름, 업황, 회사의 펀더멘탈에 따른 매매야말로 롱런의 비결이다.

10 통계 정보는 중요하다. 그러나 통계 수치는 전체 상황에 대한 폭넓은 시각 아래에서 재해석되어야 한다. 통계 수치에 너무 집착하는 사람은 길을 잘못 들기 쉽다. 캐닝Canning은 말한다. "숫자만큼 헛된 사실도 없다."

11 의심스러울 때는 아무것도 하지 않는 편이 낫다. 반신반의한 상태에서 시장에 들어가서는 안 된다. 완전한 확신이 들 때까지 기다려라.

12 머리를 맑게 하고 스스로의 판단을 신뢰할 수 있도록 갈고 닦아라. 이것이 지금까지 이야기한 모든 거래의 기본 원칙이다. 큰 파동이 발생할 때를 대비해 투자자금을 준비하라. 그리고 그 순간이 찾아왔을 때 모든 힘을 쏟아 부어 강하게 휘둘러라.

13 내가 말한 규칙들을 실행하는 것은 쉽지 않을 것이다. 오직 재능 있는 사람만이 할 수 있을 뿐이다. 예술의 규칙은 오직 예술가 스스로에게 가치 있다. 여기에서 말한 절대 법칙과 상대 규칙을 마음 속 깊이 새겨 넣는다면 예술가의 길이 멀지 않을 것이다.

제2장

삶에 관한 단상들

1. 인생
Life

보상이 언제나 보상해 주는 것은 아니다.

Compensations do not always compensate.

가장 흔한 기만은 자기 기만이다.

A common deception, — self-deception.

천천히 기다리든가 아니면 당장 뛰어들어라.

Hold in time, or take the jump.

위험을 알면 반쯤은 그 위험을 이겨낸 것이고 실수를 깨달으면 반쯤은 그 실수를 극복한 것이다.

A danger known is half overcome. A fault recognized is half conquered.

가장 큰 모욕은 누군가에게 농담할 줄 모른다고 말하는 것이다.

A great insult, — tell a man he can't take a joke.

바보들은 자신이 옳다는 것을 증명하기 위해 애쓰지만 현명한 사람들은 자신이 무엇을 틀렸는지 찾기 위해 노력한다.

Fools try to prove that they are right. Wise men try to find when they are wrong.

적게 말하면서 많은 것을 보여주는 작가야말로 위대한 작가다.

That writer is the greatest who says the least and suggests the most.

모호하고 불확실한 것을 추구하면, 분명하고 확실한 것이 나타난다.

Follow the vague and intangible, and it will become

definite and tangible.

사람의 뛰어난 특성이란, 밑바닥을 들추어보면 대개 자만심에 불과한 것으로 드러난다.

> A man's good qualities are often, at bottom, only pride.

두 가지 기준을 가져라. 하나는 자기 자신에게, 다른 하나는 타인에게. 자신에 대한 기준은 엄격해야 하고, 타인에 대한 기준은 유연해야 한다.

> Two standards, — one for yourself and one for your neighbor. The first should be fixed, the second flexible.

다른 사람의 삶에 활기를 불어넣어 주는 사람이야말로 위대한 사람이다.

> That man is greatest who quickens most the lives of other men.

모든 사람들이 본다. 하지만 관찰하는 사람은 드물고, 비교하는 사람은 훨씬 더 드물다.
> All see; few observe, fewer still compare.

과학에서 나온 완제품은 철학의 원재료가 된다.
> The finished fabric of science is the raw material of philosophy.

건설하기 위해서는 먼저 파괴해야 한다. 하지만 대부분의 사람들은 파괴하는 데서 멈춘다.
> Destruction must often precede construction, but most men stop at the former.

상식은 사람들이 흔히 공유하고 있는 지식이다.
> Common sense is sense men have in common.

남의 의견을 존중하라. 그러면 그 사람도 당신의 의견을 경청할 것이다.
> Defer to a man and he will listen to you.

열정가들과 바보들은 위험한 부류이다.

The dangerous classes, — enthusiasts and fools.

자기 자신을 솔직하게 평가하는 일은 무가치한 일이 아니다.
A true estimate of one's self is not vanity.

육체의 괴로움은 고통이고, 정신의 고통은 고뇌이며, 영혼의 고통은 번뇌이다.
Suffering of the body is pain, of the mind anguish, of the spirit agony.

인간은 본성(혹은 자연)을 향상시킬 수 있으며, 그것이 이 세상에 태어난 이유이다.
Man can improve on nature. Perhaps that is his business here.

먼 것은 위대하며, 가까운 것은 볼품없다. 하지만 멀고 위대한 것보다는 가깝고 볼품없는 것들이 사람에게 영향을 준다.
The distant is the great, the near the little. But the little-near controls man rather than the distant great.

'날아가는' 생각을 붙잡아라. 그런 생각은 되돌아오지 않기 때문이다.

  Catch thoughts "on the fly," for there is no rebound.

운명을 정복하기 위해서는 앞서 나가 그를 맞으라.

  To conquer fate, advance to meet it.

먼저 공격하면 반쯤은 이긴 것이나 다름없다.

  The first blow is half the battle.

적은 무수히 많다. 대개는 자기 자신이 유일한 자기 편이다.

  Man's enemies are legion. Ofttimes he himself is his only friend.

남음은 부족함만큼 나쁘다. 부족함은 남음만큼 나쁜 것처럼.

  Surplus is as bad as deficiency, deficiency as surplus.

감상주의는 아름다운 감정의 추한 캐리커처일 뿐이다.

  Sentimentality is an ugly caricature of beautiful

sentiment.

막연한 불안은 통제되어야 한다.
Nerve is nerves controlled.

의지하는 사람은 많고 독립적인 사람은 드물다.
Many lean, few lift.

절제된 상상력은 위대한 건축가이지만 통제가 안 된 상상력은 위대한 파괴자다.
Imagination controlled is a great builder;
imagination uncontrolled, a great destroyer.

사람들은 성급히 잊어버리고, 천천히 기억한다.
People forget in the rush, remember in the hush.

뛰기 전에 보고 뛰고 나면 보지 마라.
Look before you leap, but not when you leap.

가장 위대한 관용은 관용 없는 자를 관용하는 것이다.

The greatest tolerance is to tolerate the intolerant.

공포는 돌처럼 굳어버린 두려움이다.
Awe is fear petrified.

유년의 결함이 노년의 악덕이 된다.
A blemish in youth, a vice in old age.

부주의한 사람에게 인생은 드라마이고, 감정이 무딘 사람에게 인생은 코미디이며, 사려 깊은 사람에게 인생은 비극이다.
To the careless, life is a drama; to the heartless, a comedy; to the thoughtful, a tragedy.

건강은 균형이다.
Health is equilibrium.

순응하는 사람은 결코 변화하지 못한다.
The man who conforms never transforms.

부조화에서 유머가 비롯되고, 불일치에서 위트가 생긴다.

Incongruity is the basis of humor; inconsistency, a source of wit.

자신의 한계를 존중하라. 자신의 한계가 그 자신을 존중해주지 않으니······.
Respect your limitations; you limitations will not respect you.

사람은 알지 못하는 것은 두려워하지만, 이해하지 못하는 것은 도외시한다.
Man fears the unknown, despises the uncomprehended.

잠은 휴전이고, 죽음은 항복이다.
Sleep is a truce, death a surrender.

한계까지는 가라. 그러나 한계를 넘지는 마라.
"Up to the limit," but not beyond the limit.

중년의 삶에 브레이크를 걸어라. 그렇지 않으면 청춘의 가

속도가 당신을 파괴할 것이다.

> Put on the brakes in middle life, or the momentum of youth will destroy you.

격렬함은 약함의 표시이고, 조용함은 강함의 표시다.

> Vehemence is a sign of weakness; quietness is a sign of strength.

미친 사람들 가운데 제정신인 사람은 정신 나간 사람일 뿐이다.

> Among crazy people, a sane man is thought a lunatic.

지식만큼 막강한 것은 없다. 무지 말고는.

> Nothing so formidable as knowledge — except ignorance.

엄청난 부는 불행이다. 온갖 기생충을 불러들이고, 친구들을 쫓아내기 때문이다.

> Great wealth is a misfortune; it attracts parasites

and repels friends.

단순함만큼 돋보이는 것은 없다.
> Nothing so impressive as simplicity.

세상은 평범한 사람들로 가득하다. 그렇다면 우리가 궁금한 것은 '보통이 아닌 아이들'은 앞으로 어떻게 되는가 하는 것이다.
> The world is full of commonplace people. The query is, What becomes of the "phenomenal children?"

부富는 좋은 유산이다. 하지만 건강한 위胃가 그보다 더 낫다.
> Wealth is a good inheritance, but a sound stomach is a better.

지루한 사람들도 스스로에게는 재미있는 사람이다.
> Tiresome people are interesting — to themselves.

사람들은 많은 생각을 한다. 다른 사람들의 죄에 대해.

People meditate much — on other people's sins.

확신에 차서 자기 주장을 하는 사람들은 누가 보아도 명백히 틀린 주장이다.

The man who makes a positive assertion is — positively wrong.

타고난 대로라면 모든 사람들은 저마다 특색 있는(남들과는 다른) 사람이다.

Every man is distinguished (distinct from others) if he would be natural.

고집 센 기행이 평범한 지루함보다 낫다.

Better the vagaries of eccentricity than commonplace dullness.

모든 것을 아는 사람은 배워야 할 것이 많다.

The man who "knows it all" has much to learn.

사람은 응급 상황에서 어떻게 행동하느냐로 판단할 수 있다.

The test of a man is what he is in an emergency.

본질적이지 않은 것에서 본질적인 것을 구별해내는 능력이 위대한 정신의 표식이다.

To separate the essential from the non-essential is the mark of a superior mind.

보석이 그렇듯 사람들에게도 결점은 있다. 그들과 유쾌하게 지내려면 그들에 대해 너무 깊이 파고들지 말아야 한다.

People, like gems, have flaws. If we would enjoy them we should not examine too closely.

마음 깊은 곳에서는, 모든 사람들이 세상이 자신에게 특별히 가혹하다고 생각한다.

In his secret heart, every man thinks the universe is especially hard on him.

모든 사람이 천재라면, 이 세상에 천재는 없을 것이다.

If all men were geniuses, there would be no genius.

천재는 요점을 단숨에 파악하는 능력에 있다.
> Genius consists of seeing instantly the vital point.

모든 사람은 저마다의 비밀이 있으며, 친구란 그 비밀의 일부를 짐작하는 사람들이다.
> Every man is a secret; his friends, those who guess a part of the riddle.

의견이 많을수록 의견이 나아진다.
> The more points of view, the better the point of view.

도덕과 돈은 어느 쪽이나 그 자체만으로도 큰 권력이지만, 함께 있으면 전지전능한 권력이 된다.
> Morals and money, — either alone is a great power; together they are omnipotent.

문을 부수지 말고 열쇠를 사용하라.
> Don't batter down the door; pick the lock.

빛은 하나지만 사람들은 '다른 빛 아래의' 사물을 본다. 차이를 만드는 것은 그림자이다.
> Light is one; and yet people see things in "a different light." It is shadow that makes the difference.

자연을 우롱하지 마라. 자연은 '되갚아줄 것이다.'
> Don't fool with Nature; she "strikes back."

적의는 농담으로 해소하라.
> Break antagonism with a joke.

잘못을 인정하되 거기에 머물지 마라.
> Recognize a fault, but don't dwell on it.

열정은 형편없는 길잡이지만, 좋은 동료이다.
> Enthusiasm is a poor guide, but a good companion.

예언가는 실수하자마자 존경을 잃는다.
> A prophet is without honor — the first time he makes a mistake.

옆에서 떨고 있지 말고 뛰어들어라.
> Don't stand shivering on the brink; take the plunge.

습관은 사람을 지배하고 유전은 인류를 지배한다.
> Habit is the tyrant of man; inheritance, the tyrant of the race.

모르면 태평하고, 알면 침착하다.
> The peace of ignorance; the serenity of knowledge.

비난은 나쁜 음식이다. 하지만 거기에서 얼마간의 영양분을 얻을 수는 있다.
> Censure is poor food, but we can extract some nourishment from it.

모든 움직임은 파동 속에 있다. 정치에서나, 사업에서나, 분위기에서나, 정신에서나. 내려가는 파동에서 쉬고, 올라가는 파동에서 함께 올라가라.
> All movements are in waves, — in politics, in business, in the atmosphere, in spirit. Rest with

descending wave; mount with the ascending wave.

확실하게 본다고 생각하는 사람들만큼 눈먼 사람은 없다.
　　None so blind as those who are sure they see.

서른 살에 대부분의 사람들은 발전이 멈춘다. 소수만이 육신이 무덤에 들어갈 때까지 성장한다.
　　At thirty, most men are in a condition of arrested development. A few grow until their bodies fall into the grave.

부는 발전의 수단이다. 하지만 어느 정도 발전이 이루어지면 부는 더는 도움이 되지 못하고 진정한 발전을 방해한다.
　　Wealth is a means of refinement; but having done its work it ceases to aid, and retards true refinement.

사람들은 젊었을 때 노년에 스스로를 묶어둘 사슬을 만든다.
　　In youth a man forges the chains that bind him in old age.

어떤 사물을 정확히 본다는 것은 그 사물과 다른 사물과의 관계를 제대로 본다는 것이다.

> Seeing things in their right relation to each other is the highest vision.

누군가에게 인생의 바다를 어떻게 항해할지 가르칠 때는 아이에게 수영하는 법을 가르칠 때처럼 하라. 즉 양손으로 아래에서 그 사람의 몸을 받치고 있다가 천천히 놓아주어야 한다.

> Teach men to navigate life's sea as you teach a boy to swim; put your hand under him, then slowly and gently withdraw it.

누구에게든 돈만큼 소중한 것은 없다. 자기 자신의 편견 말고는.

> Nothing so dear to a man as his money — except his prejudice.

입은 거짓을 말할지 모르지만, 눈은 언제나 진실을 얘기한다.

> The voice may speak false, but the eye always tells.

사람은 한순간 하늘 높이 날아올랐다가 다음 순간에는 먼지 속을 뒹굴곤 한다.

>One moment man may soar through space; another, grovel in the dust.

말이 자신의 힘을 알면 아무도 그 말을 부릴 수 없다. 사람이 자신의 힘을 알면 세상은 그를 거의 통제할 수 없다.

>If a horse knew his strength, no man could drive him. If man knew his power, the universe could hardly contain him.

병은 사람을 내향적으로 만들고, 건강은 사람을 외향적으로 만든다. 이 둘의 장점을 모두 얻기 위해서는 병에 걸렸다가 치유되는 경험을 해봐야 할 것이다.

>Sickness develops a man inwardly, health outwardly. To have the benefits of both, man must have been sick and become well.

엄청난 권력은 엄청난 지식과 마찬가지로 사람을 미치게 만든다.

Much power, like much learning, makes men mad.

'큰 말'을 타고 있는 사람은 걸어다니는 사람들이 세상을 어떻게 보는지를 잊어버린다.
> The man who rides a "high horse" forgets how things look to people on foot.

위대한 인물은 지구의 지도를 바꾸고 위대한 생각은 하늘의 지도를 바꾼다.
> A great man changes the map of the earth; a great idea, the map of the stars.

철학자는 전쟁에 승리해 제국을 세우는 것이 아니라 새로운 영역을 만들어 구세계를 문명화시킨다.
> A philosopher doesn't win battles, found empires; but reclaims new territory and civilizes old hemispheres.

남들보다 뛰어나고 싶어 하는 욕망은 보편적인 것이다. 만약 어떤 사람이 악당이라면, 그는 최고의 악당이 되고 싶어

할 것이며, 바보라면 최고의 바보가 되고 싶어 할 것이다.
> Desire for superiority is universal. If a man be a knave, he wishes to be the greatest knave; if a fool, the biggest fool.

사람은 사람을 지배하고, 사상은 세계를 지배한다.
> Man rules man; ideas rules the world.

현실주의자는 모든 것을 드러내 보이는 실수를 한다. 하지만 응접실에 가기 위해 부엌을 통과할 필요는 없다.
> The realist makes the mistake of exposing everything. It isn't necessary to go through the kitchen to reach the parlor.

습관이 생기면 습관에 길들여진다.
> Acquire a habit and a habit has acquired you.

두려움을 인식하되 그것에 지배당하지는 마라.
> Take counsel on your fears, but don't be controlled by them.

생각을 바꾸지 않는 사람은 바꿀 만한 생각도 없는 것이다.
A man who does not change his mind has little mind to change.

열정적인 사람이 성상파괴자가 된다. 허영심 많은 사람은 바보에 지나지 않는다.
The enthusiastic man is an iconoclast; the vain man, a fool.

기쁨과 고통은 의식의 양극이며, 이 둘이 회로를 완성한다.
Pleasure and pain are the two poles of consciousness; they make the circuit complete.

불평 많은 사람은 슬픔을 이해하지 못한다.
The man with a grievance is not "acquainted with grief."

불행은 친구를 찾게 만든다. 하지만 친구는 달가워하지 않을 것이다.
"Misery loves company," but "company" doesn't

reciprocate.

강한 성격은 반감을 불러일으키고 훌륭한 인격은 장벽을 없애준다.
> A strong personality arouses antagonisms. A pronounced individuality removes barriers.

돈은 많은 죄를 덮어준다.
> Money covers a multitude of sins.

컵과 입술 사이에는 많은 간극이 있지만 컵과 받침 사이에는 하나의 간극이 있을 뿐이다(멀다고 생각하는 것보다 사실은 가깝다고 생각하는 것이 더 멀 수 있다).
> "There is many a slip between the cup and the lip," but only one slip between the cup and the ground.

달리는 기차에 올라타면 원하는 목적지에 도착할 수 있다. 흘러가는 일련의 생각들을 따라가 보면 어디에 도착할까?
> Get on a train of cars and you will go to your destination. Get on a train of thought and you will go

―where?

고통을 견딜 수 있는 능력은 즐거워할 수 있는 능력에 비례한다.
> Capacity for suffering is in exact proportion to capacity for enjoyment.

세상의 반은 자살을 하고, 나머지 반은 살해당한다.
> One half of the world commits suicide; the other half is murdered.

모든 사람은 원을 그리며 여행하는데, 몇몇 사람만이 원의 지름을 늘릴 수 있다.
> All men travel in circles. A few increase the diameter of the circle.

어떤 사람은 거짓말을 하지만 결코 남을 속이지 않는 반면, 어떤 사람은 진실을 말하지만 언제나 남을 속인다.
> Some people lie and never deceive; other speak truth and always deceive.

바깥에서는 천사인 사람이 안에서는 종종 악마로 변한다.

    Angels abroad are often demons at home.

농담으로 상황을 바로잡아라. 농담은 당의정처럼 누구나 잘 삼킬 수 있다.

    Administer correction with a joke, and it will go down like a sugar-coated pill.

자기 자신에 대해 웃을 줄도 모르고, 싫어할 줄도 모르고, 숭배할 줄도 모르는 사람은 자신 자신에 대해 아무것도 모르는 사람이다.

    The man who does not laugh at himself, despise himself, and worship himself, knows nothing about himself.

도구도 사용할 수 있는 사람에게만 도움이 되듯, 말도 이해할 수 있는 사람에게만 그러하다.

    "Tools to those who can use them," words to those who can understand them.

함께 있으면 예민한 식물처럼 시들게 되는 사람이 있는가
하면, 함께 있으면 꽃처럼 피어나게 하는 사람이 있다.

> In the presence of some people we wither like sensitive- plants; in the presence of others, we expand like flowers.

사람은 스스로 법정이 되고 스스로 판사가 되고 스스로 처형자가 된다.

> Man is his own court; his own judge, and his own executioner.

재산은 처음에는 발전을 위한 수단이 되지만 그 다음에는 장애물이 된다.

> Wealth is first a means and then a barrier to refinement.

경험은 훌륭한 중고품이다.

> A good second-hand article, — experience.

현명한 사람도 때때로 어리석은 말을 하고, 어리석은 사람

도 때때로 현명한 말을 한다.

> Wise men sometimes say foolish things. Fools sometimes say wise things.

환상을 없애면 인생에서 남는 것은 별것 없다.

> Destroy the illusions and there is not much left of life.

사람들은 세상에 많은 것을 요구하지만, 거의 아무런 대가도 지불하지 않는다.

> Men make large demands on the universe, but they offer little in payment.

자신의 의견을 주장할 용기가 있는 사람은 많지만, 자신의 의견을 버릴 용기가 있는 사람은 적다.

> Many men have the "courage of their opinions," few the courage to abandon their opinions.

어떤 사람들은 생각하고, 어떤 사람들은 그들이 생각하는 것을 생각한다.

> Some people think; others think they think.

친구란 우리가 생각한 바를 그대로 말할 수 있는 사람이다.
A friend is one with whom we can think out loud.

무언가를 하고 싶어 하는 사람은 정치인이고, 무언가를 알고 싶어 하는 사람은 철학자이며, 무언가를 보고 싶어 하는 사람은 예술가이고, 무언가를 꿈꾸는 사람은 시인이다.
People who wish to do; people who wish to know; people who wish to see; people who wish to dream, — the first are statesmen; the second, philosophers; the third are artists; the last are poets.

사람은 스무 살에, 그리고 다시 예순 살에 "모든 것을 안다"고 생각하게 된다.
At twenty, and again at sixty, a man "knows it all."

많은 실망에도 싸우고 싶어 하는 사람은 원하던 것을 얻게 된다.
Many disappointments, but the man who is "spoiling for a fight" gets what he is looking for.

현미경을 통해 친구를 보지 말며, 망원경을 통해 자기 자신을 보지 말 것이다.

    Don't look at your friends through a microscope, nor at yourself through a telescope.

위대한 사람은 천천히 움직인다. 위대한 사건은 신속하게 일어난다.

    "Great bodies move slowly." Great events move rapidly.

야유와 풍자는 비열함의 소산이다. 농담은 선량함에서 비롯된 것이다.

    Sarcasm is the spawn of meanness; joking, the offspring of good-nature.

용서할 수 없는 죄는 돈을 못 버는 죄이다.

    The unpardonable sin, — not to make money.

많은 진실은 농담 속에 있고, 진지한 말 속에는 많은 거짓이 있다.

Many a truth spoken in jest; many an untruth spoken in earnest.

젊음의 슬픔은 아프지만, 노년의 슬픔은 쓰라리다.
The sorrows of youth are acute; of age bitter.

정체는 지옥이고, 순환은 구원이다.
Stagnation is damnation. Circulation is salvation.

자기 자신이 웃음거리가 되어도 한탄하지 않는 사람이라면 최상의 미덕을 지닌 사람이다.
To have made one's self ridiculous, and not to mourn over it, is a supreme test of virtue.

마땅히 칭찬해야 할 때 비난하면 분노하고, 마땅히 비난해야 할 때 칭찬하면 비참함을 느낀다.
Blame, when praise is deserved, exasperates; praise, when blame is deserved, humiliates.

명확해질 때까지 기다리면 결코 행동에 나설 수 없고, 순수한 동기를 기다리면 결코 움직일 수 없다.

 If you wait until you see clearly, you will never act;
if you wait for a pure motive, you will never move.

선善은 그 자체로 보상이다. 악덕도 마찬가지다.

 Virtue is its own reward; so is vice.

현명한 사람은 자기 자신의 실수에 웃을 줄 안다.

 A wise man laughs at his own follies.

다른 사람을 진실하게 대하는 것은 쉬운 일이다. 하지만 자기 자신에게 진실한 것은 어려운 일이다.

 To be sincere with others is easy; with one's self, difficult.

악당이라고 불려도 때로는 용서될 수 있다. 하지만 바보라고 불리는 것은 결코 용서될 수 없다.

 To be called a knave is sometimes forgiven; to be called a fool, never.

현재의 상황에서 최선을 다하라. 신체와 정신, 영혼을 다해 노력하지 않으면 실패할 것이다.

> Use condition's possession. You must use your body or lose it; use your mind or lose it; use your soul or lose it.

설명하지 마라. 여러분의 인생이 설명하도록 해라.

> Never explain. Let your life be the explanation.

사람이 사람에게 줄 수 있는 가장 큰 존중은 인정이며, 가장 큰 모욕은 얕보는 태도다.

> Recognition is the greatest honor man can bestow on man; condescension, the greatest insult.

대부분의 사람들은 그들이 있는 곳의 분위기에 동화된다. 하지만 몇몇 사람들은 스스로 분위기를 만들어낸다.

> Most men absorb the atmosphere they are in. A few create their own atmosphere.

여러분은 동정을 원하는가? 하지만 그러지 말기를…….

Do you wish sympathy? Don't seek it.

인내는 지속적인 용기이다.
Patience is sustained courage.

아는지 모르지만, 여러분은 이미 실수를 저질렀다.
If you know, you have already fallen in error.

바보는 대개 바보를 얕본다.
A fool often condescends to a fool.

'존재하는 것은 무엇이든' 틀렸으며 바뀔 필요가 있다. 자유의사에 따라서든 진화를 통해서든.
"Whatever is, is" wrong, and needs to be changed, arbitrarily or by evolution.

가난한 사람들을 파멸시키는 것은 그들의 가난이다. 부유한 사람들을 파멸시키는 것은 그들의 부이다.
"The destruction of the poor is their poverty." The destruction of the rich is the riches.

가장 큰 재산은 침착함이다.

>The greatest possession, — self-possession.

수줍음은 내면을 향한 허영심이다.

>Shyness is vanity turned inward.

모두가 동정받고 싶어 하는 것은 동정심이 얼마나 달콤한 것인지 보여준다.

>The want of sympathy shows us how sweet sympathy is.

인생은 카드 게임에서처럼 불운을 참고 견뎌야 한다.

>In life, as in a game of cards, you must sit out bad luck.

전통은 인류의 유전병이다.

>Tradition is the hereditary disease of the race.

사람들은 충고를 원하는 법이 거의 없다. 그들은 오직 자신의 의견을 확인받고 싶어 할 뿐이다.

>Man seldom wishes advice; he wishes to be

confirmed in his own opinion.

충고는 값싼 것이다. 여기저기 충고가 그렇게 많은 것도 이 때문이다.

> Advice is cheap. That is the reason there is so much of it.

억압은 난폭한 사람의 악덕이며, 굴종은 나약한 사람의 악덕이다.

> Tyranny is the vice of a brutal man; submission to it, the vice of a timid man.

역경의 가치는 크다. 역경이 그다지 오래 지속되지만 않는다면······.

> "Sweet are the uses of adversity" — if adversity does not last too long.

방향이 중요하다. 시작할 때의 방향이 목적지를 결정하기 때문이다.

> Tendency is everything. The direction in which you

start determines your destination.

지혜는 많은 것을 보고 한 가지에 집중하는 것이다.
Wisdom consists of seeing many things and concentrating on one thing.

우리는 우리 자신에게 공정해질 수 없다.
We cannot be just and hold the scales ourselves.

목소리를 낮추면 마음도 가라앉힐 수 있다.
Keep your voice down and you will keep your temper down.

부정不正이 남긴 상처는 가장 깊고 오래 간다.
The wound that injustice makes goes deeper and lasts longer than any other.

직접적이 아니라 간접적으로 가르쳐라. 지시하지 말고 넌지시 알려주어라.
Teach by indirection rather than by direction; by

suggestion, rather than instruction.

내일 할 수 있는 일을 오늘 하지 마라. 내일은 오늘보다 현명해질 수 있기 때문이다.

> Never do today what you can as well do tomorrow. The wisdom of tomorrow is better than that of today.

여러분은 어쨌든 어떤 세계와 교류해야 한다. 그렇다면 바로 지금 여기에서 시작하는 것이 좋을 것이다.

> You must make your own acquaintance in some world; better begin in this one.

어딘가 가고 싶다면 지금 나서라. 무엇인가를 하고 싶다면 지금 시작하라.

> If you want to go anywhere, start. If you want to do anything, begin.

자신의 작품과 완전히 별개인 작가가 있는가 하면, 스스로가 작품의 일부인 작가가 있다. 첫 번째 부류의 작가는 존경을 받고, 두 번째 부류의 작가는 사랑을 받는다.

> Some authors are apart from their work; others, a part of their work. The former we admire; the latter we love.

실수를 저지른 사람은 이미 충분한 고통을 당했을 게 분명하다. 더는 그를 비난하지 마라.

> A man who has made a mistake suffers enough. Don't "throw it up" to him.

지혜에는 두 가지가 있다. 하나는 가치 있는 일을 관철하는 것이고, 다른 하나는 가치 없는 일을 포기하는 것이다.

> Two kinds of wisdom, — to persist in things worth doing; to abandon things not worth doing.

두려운 일을 할 수 있는 것이 용기다.

> Courage consists in doing the thing you are afraid to do.

충고하는 것은 우위를 주장하는 일이며, 따라서 우위가 인정되지 않으면 분노를 일으킨다.
> To advise is to claim superiority and is resented, unless the superiority is admitted.

반감은 때로는 이해에서 비롯되지만, 대개는 오해에서 비롯된다.
> Dislike is sometimes based upon understanding; oftener, on misunderstanding.

좋은 사람은 다른 사람의 동기가 자신만큼 순수한 것이라고 생각한다. 나쁜 사람은 다른 사람의 동기가 자신만큼 나쁜 것이라고 생각한다. 인생은 종종 좋은 사람의 이런 착각을 바로 잡아주지만, 나쁜 사람들의 착각은 바로 잡아주지 않는다.
> A good man thinks the motives of others are as pure as his own. A bad man thinks the motive of others are as bad as his own. Life often corrects the mistake of the former, seldom those of the latter.

인생은 꿈이다. 꿈을 꾸고 있는 것을 아는 사람은 드물고, 깨어 있다고 생각하는 사람은 많다.

Life is a dream. Some men know they are dreaming; others think they are awake.

모든 것은 배출구를 필요로 한다. 육체의 통로가 막히면 죽음이 찾아오고 정신이 막히면 침체된다. 영혼은 표현을 거부당하면 질식한다.

All things demand an outlet. The passageway of the body stopped, death ensues; the mind, inverted, stagnates; the soul, denied expression, stifles.

사물을 보는 방법에는 두 가지가 있다. 하나는 우리가 보는 대로 보는 것이다. 다른 하나는 남들이 보는 대로 보는 것이다.

Two kinds of vision, — to see things as we see them; to see things as others see them.

'몽상가'는 시대를 앞서서 사는 사람을 말한다.

"The dreamer" is a man who lives in advance of his time.

사람들은 살아야 할 때 죽고 싶어 하며, 죽어야 할 때 살고 싶어 한다.

>Men wish to die when they should live; wish to live when they should die.

역경에 처해 있을 때, 이에 관해 말하지 마라. 사람들이 싫어할 것이다. 성공을 누리고 있을 때에도 이에 관해 말하지 마라. 역시 사람들이 싫어할 것이다.

>When in adversity, don't speak of it; you will make others unhappy. When in prosperity, don't speak of it; you will also make others unhappy.

어떤 사람은 죽은 뒤에 살고, 또 어떤 사람은 여전히 살아 있는 데도 죽어 있다.

>Some men are alive after they are dead; others are dead while still alive.

논쟁은 자신의 생각을 남에게 강요하기 위한 노력이다. 토론은 지식을 얻기 위한 노력이다.

>Argument is an effort of each man to force his idea.

on the other; discussion is an effort to gain knowledge.

현명한 사람은 논쟁하지 않고 토론한다.
The wise man declines argument, invites discussion.

진실은 한 가지 명제로는 정의될 수 없다.
The whole truth cannot be stated in any one proposition.

비밀이 지켜지기를 바라는가? 그렇다면 말하지 마라.
Do you want a secret kept? Don't tell it.

무엇이든 경험하고 난 다음에야 제대로 알 수 있다.
A true view can only be gained by having been in a thing and having come out of it.

진리는 추상적인 진리와 실제적인 진리, 두 가지가 있다. 실제적인 진리는 추상적인 진리와 마찬가지로 어떤 순간에도 적용할 수 있다.

> Two kinds of truth, — abstract and practical. Practical truth is as much of the abstract truth as can be applied at any given time.

먹고 마시고 자는 일은 영혼이 육체에 거하며 지불해야 할 빚이다.

> Eating, drinking, and sleeping are the penalties the soul pays for inhabiting a body.

인간은 단순성에서 시작해 복잡성으로 나아갔다 다시 단순성으로 되돌아온다. 마지막 단순성은 단순화된 복잡성이다. 사회도 이와 비슷한 과정을 밟는다. 현재 우리 사회는 복잡성의 단계에 있다.

> Man begins in simplicity, advances to complexity, returns to simplicity. The last is complexity reduced to the fewer terms. Society follows the same course. It is now in the complex stage.

육체적 자세와 정신적 자세는 일치해야 한다. 가르침을 받을 때는 앉고, 지시할 때는 일어나라.

> Bodily and mental attitude should correspond. When receiving correction, sit down; when administering it, stand up.

언제 시작할지를 아는 일은 쉽지만, 언제 그만둘지를 아는 일은 어렵다.

> To know when to begin is easy; when to stop, difficult.

허영은 오래 지속되며 쉽게 사라지지 않는다.

> Vanity struggles long and dies hard.

허풍은 비싼 사치품이다. 여기에 탐닉하지 않는 게 좋다.

> Bragging is an expensive luxury. Better not indulge in it.

상심을 감추는 웃음만큼 슬픈 것은 없다.

> Nothing so sad as the laughter that hides a broken heart.

표피적으로 사는 사람은 오래 살고, 깊이 있게 사는 사람은 풍부하게 산다.
> People who live on the surface live long. People who live in the depths live much.

영적인 능력을 최대화하고 육체적인 욕구를 최소한으로 줄이면 므두셀라(창세기에 등장하는 인물로 969세까지 살았다고 한다 — 편저자) 같은 사람이 많아질 것이다.
> There will be many Methuselahs when man shall have magnified his spiritual power to a maximum, and reduced his physical wants to a minimum.

늙어버린 젊은이는 정말로 사악하다. 하지만 아직 젊은 노인은 대체적으로 좋은 사람이다.
> Old young men are invariably wicked; young old men, universally good.

열심히 일해 녹초가 됐다면 잠을 충분히 자라.
> If you work yourself down, sleep yourself up.

상상력은 우리 모두를 겁쟁이로 만든다.

    Imagination makes cowards of us all.

부자에게는 친구가 거의 없고 빈자에게는 적이 거의 없다.

    The rich have few friends; the poor, no enemies.

적절한 위치에서 강조할 줄 아는 것은 최상의 예술이며 최고의 지혜다.

    Placing emphasis in the right place is the truest art and the highest wisdom.

2. 사업

Business

짧게 보라. 가까운 표적을 쏘면 설령 손이 흔들리더라도 맞출 수 있다. 하지만 먼 거리에 있는 표적을 쏘면, 손이 조금만 흔들리더라도 표적에서 빗나간다.

> Take short views. If you shoot at a near mark, even if your hand shakes you will hit it. If you shoot at a distant mark, and your hand vibrates slightly, you will miss it.

위험이 다가올 때는 양처럼 서 있지 말고 사슴처럼 도망쳐라.

> When danger threatens, don't stand like a sheep; run like a deer.

상상력은 예술이나 문학, 종교에서처럼 거래에서도 위대한 능력이다.

> Imagination is as great a power in business as it is in art, in literature, or in religion.

사실을 이론에 맞추지 말고, 이론을 사실에 맞춰라.

> Make your theories fit your facts, not your facts your theories.

행운이라는 난공불락의 요새는 공격하지 말고 포위하라.

> Don't storm the fortress of fortune; lay siege to it.

기회는 언제나 찾아온다. 기회를 잡을 줄 아는 사람이 드물 뿐이다.

> Opportunities are always there, but the opportunist is lacking.

거래하는 데 완고한 사람은 오래 살아남지 못한다.

> Stubborn men don't live long — financially.

현실에서는 개인의 평등함이 충분히 고려되지 않는다.

> In practical affairs the "personal equation" is not sufficiently taken into the account.

스스로의 영감을 믿어라. 영감은 대개 한 차원 더 높은 이성이다.

> Trust your impulses; they are often a higher reason.

다수의 멍청함은 소수의 기회다.

> The foolishness of the many is the opportunity of he few.

옳은 판단을 하는 사람은 큰 이득을 얻을 것이며, 신속하고 옳은 판단을 하는 사람은 단번에 세계를 얻을 것이다.

> The man who thinks right will gain much. The man who thinks quick and right has the world in a sling.

한 번의 성공이 백 번의 실패를 낳을 수 있다.

> The success of one is the failure of a hundred.

과거를 많이 돌아볼수록 미래에 대해 더 많은 것을 알게 된다.

>The more "hindsight" the better foresight.

운을 믿는 사람은 언제나 불운한 사람이 될 것이다.

>It is always the "unlucky man" who believes in luck.

사실에 대한 지식이 아니라 사실에 대한 해석이 성공한 사람과 실패한 사람을 가른다.

>Not the knowledge of facts, but the interpretation of facts differentiates the successful from the unsuccessful man.

말만 번드르르한 사람은 사실만 빼놓고 뭐든 말한다.

>A "plausible" man deals in everything except facts.

신록, 풋내기, 신생 기업은 취급하지 마라. 이들이 다 자랄 때까지 기다려라.

>Reject green wood, raw men, and new enterprises; wait until they are seasoned.

시장은 만화경과 같다. 끊임없이 변하고 새로운 모습으로 탈바꿈한다. 따라서 날마다 새롭게 보아야 한다.
> Business is a kaleidoscope, continually changing and forming new combinations. Take a fresh look every day.

확실한 것은 위험한 것이다.
> "A sure thing" is a dangerous thing.

너무 일찍 보는 것은 너무 늦게 보는 것만큼이나 나쁘다.
> Seeing things too soon is as bad as seeing things too late.

순간순간에 따라 행동하라. 순간적인 것이 영원한 것이 될 수 있다.
> Act on the temporary; the temporary may become the permanent.

운은 약자를 파멸시키지만, 강자는 운을 극복한다.
> Luck, the destruction of the weak, is overcome by the strong.

운은 존재한다. 하지만 능력 있는 사람은 불운을 멀리하고 행운을 불러올 수 있게 행동한다.

> Luck exists. But the able man acts so as to minimize bad luck and augment good luck.

손실에 신경 써라. 이익은 신경 쓰지 않더라도 스스로를 돌보기 때문이다.

> Take care of the losses; the profits will take care of themselves.

얼마나 벌 수 있느냐보다는 얼마나 잃을 수 있느냐를 생각하라.

> Not how much can you make, but how much can you lose.

끊임없이 경계하는 것은 성공을 위한 필수적 지출이다.

> Eternal vigilance is the price of — success.

과거의 빚을 받아내기 위해 법정을 찾는 것보다 새로운 돈을 버는 것이 더 낫다.

Better make "new" money than to go to law to collect an "old" debt.

불운한 사람에 주의하고, 열정적인 사람을 피하라.
Beware of the "unfortunate" man; flee from the enthusiastic man.

머릿속에 있는 지식은 은행에 있는 돈보다 낫다.
Better capital in a man's head than capital in a bank.

원금을 보호하라. 이자가 스스로를 돌볼 것이다.
Look after the principal; the interest will look after itself.

유연하면 살 것이고 굳어 있으면 죽을 것이다.
In the business world, as in the physical and moral world, plasticity is life, rigidity is death.

너무 탐욕스러운 것은 도덕의 세계만큼이나 거래의 세계에서도 나쁘다.

> To be "too greedy" is as bad in business as in morals.

원칙을 배워라. 그러면 사실은 관계와 연관성 속에서 파악될 것이다.
> Learn principles. Facts will then fall into their relations and connections.

신속한 결정이 최상의 결정이다.
> Quick decisions are the best decisions.

의심이 들기 시작하면 빠져나와라.
> When you begin to doubt, begin to "get out."

생각과 행동은 하이픈(-)으로 연결되어야 한다.
> Thought and act should be hyphened.

투기한 포지션으로 잠들 수 없을 정도라면 잠들 수 있을 만큼 포지션을 줄여라.
> If a speculation keeps you awake at night, sell down to the sleeping point.

3. 사람
Men

너무 익어 썩어버리는 사람이 있다.
> Some men are so mellow that they are rotten.

작은 사람은 사람에 대해 말하고 큰 사람은 사물에 대해 말한다.
> Little men talk of people; great men, of things.

스스로를 중요하게 생각하는 거만한 사람들은 실상 다른 사람들에게는 거의 중요하지 않다.
> The self-important man is seldom important to others.

사람들이 생각하는 만큼 좋은 사람은 없으며, 사람들이 생각하는 만큼 나쁜 사람도 없다.
> No man is as good as he is thought to be; no man as bad.

따분한 사람은 한 가지 이론을 고집하는 사람이다.
> A tiresome man, — a man with a theory.

뛰어난 사람에게 돈은 아무것도 아니지만 보통 사람에게는 구원의 은혜다.
> Money adds nothing to an extraordinary man, but it is the "saving grace" of an ordinary man.

뛰어난 사람들은 자신을 유명한 사람들과 비교하며 자부심을 느끼지만, 위대한 사람들은 자신을 미지의 사람들과 비교하며 초라해한다.
> The able man compares himself with the known and is proud. The great man compares himself with the unknown and is humble.

허영심 많은 사람은 그나마 재미있다. 자만심이 가득한 사람은 견디기조차 힘들다.

> The vain man is laughable; the proud man is insufferable.

뛰어난 사람은 다른 사람의 지혜를 경멸하고, 위대한 사람은 다른 사람의 지혜를 활용한다.

> An able man disdains the wisdom of other men; a great man uses the wisdom of other men.

세상에는 두 부류의 사람이 있다. 사물을 있는 그대로 보는 사람과 마땅히 있어야 할 모습으로 보는 사람이다. 전자는 실용가이며, 후자는 개혁가다. 현자는 실용가의 입장을 받아들이면서 개혁가의 바람을 성취하기 위해 노력한다.

> Two kinds of men, — men who see things as they are, and men who see things as they ought to be. The former are practical, the latter reformers. The wise man accepts the position of the former, and works to accomplish that of the latter.

달콤하게 속삭이는 여자들을 조심하라. 남자는 여자가 달콤한 말을 하면 거의 어떤 일도 다 하게 된다.

>Against flattery women are on guard. Men can be flattered into doing almost anything.

사람들은 자신의 나쁜 점들을 변명하기 위해 자신의 좋은 점들을 열거한다.

>Men excuse their vices by enumerating their virtues.

위대한 사람은 작고, 작은 사람은 위대하다. 이 둘의 차이는 위대한 사람은 자신의 작음을 아는 반면, 작은 사람은 자신의 위대함을 알지 못한다는 것이다.

>The great man is little, the little man great. The difference between them lies in that the great man knows his littleness, but the little man does not comprehend his greatness.

작은 사람은 이해를 구하지만 위대한 사람은 오해를 받아도 상관하지 않는다.

>The little man demands to be understood; the great

man is content to be misunderstood.

발이 넓다고 말하는 사람은 결코 큰 인물이 아니다.
    The man who talks of his grand acquaintances is never a grand man.

빙산 같은 사람에게서는 온기를 찾아볼 수 없다. 또 어떤 사람들은 완전히 타버린 화산 같은데 재만 남아 있다.
    Some men are icebergs, — they never had any heat; others are burned-out volcanoes, — only the ashes remain.

바로 본론으로 들어가는 사람은 보는 게 거의 없거나 아니면 아주 많은 것을 보는 사람이다.
    Men who go straight to the point either see very little or see very much.

자신의 의견을 주장할 용기 있는 사람은 많지만, 자신의 의견을 버릴 용기 있는 사람은 많지 않다.
    Many men have the "courage of their opinions," few

the courage to abandon opinions.

참된 사람은 체면에 구애받지 않는다.
A real man has no "appearances" to "keep up."

점잔 빼는 사람은 볼 게 없다.
The man who stands on his dignity has nothing else to stand on.

자수성가한 사람은 매우 미천한 직업을 자랑한다.
The "self-made man" is proud of a very poor job.

강한 사람은 침묵한다. 강한 사람이 말하기 시작하면 힘을 잃게 된다.
Strong men are silent. When a strong man begins to talk, he is losing his power.

재능 있는 사람은 살아서 인정받지만 천재는 죽어서 인정받는다.
The talented man must live to be appreciated. The

genius must die to be appreciated.

가장 완벽한 사람은 인생의 본질을 이해하는 사람이다.
The most complete man is he who touches life at the most points.

대화를 독점하는 사람은 스스로도 독점한다.
The man who monopolizes the conversation has a monopoly himself.

뛰어난 사람의 실수는 다른 사람도 자신만큼 뛰어나리라 생각하는 것이다.
The mistake of an able man is that he thinks others are as able as he.

4. 사회

Society

최소한의 예의범절이 최상의 예의범절이다.
　　The least "manner" the best manners.

이류 시민이란 바로 우리 아래 있는 사람이다.
　　Second-class people, — those just below us.

도깨비 같은 세상, 사람들이 무엇을 말할지는 아무도 모른다.
　　The Hobgoblin of Society, — "What people will say?"

세상은 속지 않는다. 세상은 덧씌워진 것과 원래 있는 것을 구분한다.

The world is not deceived; it distinguishes between that which is "put on" from that which grows on.

사람들은 가면을 쓰고 세계는 그 가면을 진지하게 받아들인다. 어떤 사람이 진짜 얼굴을 보여주면 세상은 비웃는다.
Men wear masks and the world takes them seriously; when a man shows his real face, the world laughs.

특징 없는 사람들이 괜찮은 사람들이다.
Nondescripts, — "nice people."

지나치게 지적인 사람들과 지나치게 양심적인 사람들은 사회의 훼방꾼이다.
Disturbers of society, — people who are aggressively intellectual, and people who have prominent consciences.

사람들은 외롭기에 무리를 추구한다.
Man seeks society because he can't endure his own

companionship.

사회는 하나의 유기체다. 집단에 활력을 불어넣으면 개인의 삶이 고양되고, 개인의 삶에 활력을 불어넣으면 집단의 삶이 고양된다.
> Society is one organism. Life the race and the individual is lifted. Life the individual and the race is lifted.

가장假裝은 아이들뿐만 아니라 사회가 하는 게임이다.
> "Make believe" is a game society plays as well as children.

훌륭한 영어를 쓰기보다는 분별 있게 이야기하는 것이 낫다.
> Better talk good sense than good English.

여론은 사회의 허수아비다.
> Public opinion is the scarecrow of society.

사회에서 사람들은 자신의 옷을 주문한다. 하지만 자신의 의견은 기성의 것을 그대로 받아들인다.
Society people order their clothes, but get their opinions "ready made."

사회의 돈은 나무의 수액이나 사람의 혈액과 같은 것이다.
What sap is to the tree, blood to man, money is to society.

5. 언어

Language

언어는 진화하고 진화의 뿌리는 땅에 있다.
> Language is an evolution, and has its roots in the ground.

말은 인생이라는 게임의 모조 화폐와 같은 것이다. 신중하게 활용해야 하며, 충실하게 지켜야 한다.
> Words are counters in the game of life. Use them carefully; they must be redeemed.

말은 불처럼 타고 난로처럼 열을 낸다.
> Words burn like fire and heat like balm.

말은 동전과 같다. 말에 자신의 모습을 새겨라.
>Words are coins. Stamp them with your own image.

슬픔의 언어는 눈물이고, 절망의 언어는 침묵이다.
>The language of sorrow is tears; the language of despair, silence.

생각은 생기를 불어넣은 피다.
>Thoughts are vitalized blood.

우리는 쓸 수 없는 것을 말할 수 있고, 말할 수 없는 것을 쓸 수 있다.
>We can say things we can't write; write things we can't say.

간결함은 언어의 영혼이다.
>Brevity is the soul of — language.

말할 때를 아는 사람은 드물고 침묵해야 할 때를 아는 사람은 더욱 드물다.

To know when to speak is rare; when to be silent, rarer still.

다른 사람의 말이 아니라 자신의 생각이 중요하다.
Not what others have written, but what you think.

과학의 언어가 있고, 외교의 언어가 있고, 상업의 언어가 있으며, 영혼의 언어가 있다.
There is a language of science, a language of diplomacy, a language of commerce, a language of spirit.

사람을 이해하려면 그가 하는 말을 보라.
To understand a man, you must know the language spoken.

적절한 한 마디가 아홉 마디의 말을 아낀다.
A word in times saves nine.

SPECULATION AS A FINE ART AND THOUGHTS ON LIFE

예술로서의 투기와 삶에 관한 단상들
제 2 부

제3장

투기란 무엇인가?

1 투기는 지적 노력을, 도박은 눈먼 기회를 전제로 한다. 투기는 계산에 따른 모험이며, 도박은 계산 없는 모험이다. 투기는 법칙이 있기에 정당함을 인정받고, 도박은 법칙이 없기에 비난받는다.

국어사전에서는 투기(投機, speculation)의 사전적 의미를 "상품이나 유가증권의 시세변동에서 발생하는 차익의 획득을 목적으로 하는 거래행위"로 정의하고 있는데, 그 의미로는 그리 부정적인 말이 아니다. 그러나 실제로 사람들은 투기라는 말에서 뭔가 나쁜 행위나 바람직하지 않은 행위라는 느낌을 받게 된다.

그렇다면 '투기'의 본래 의미는 무엇일까? 'speculation'은 라틴어 "specto : 바라보다. 주시하다. 주의하다"라는 말에 어원을 두고 있다. 라틴어 어원이 뜻하듯 'speculation'은 "유심히 살펴보며 기회를 노리는 행위"를 말하는데, 마치 호랑이가 먹이를 잡기 전 풀숲에 숨어 최적의 사냥 기회를 잡기 위해 유심히 지켜보는 모습이 떠오른다. 한자로 '投機'란 "기회를 노리다"라는 뜻으로, 영어로 표현하면 "bet on chance"가 된다. 라틴어와 한자 모두 투기란 적절한 타이밍(확률이 높은 순간)을 기다리며 유심히 관찰한다는 의미를

담고 있다.

가치투자의 아버지라 불리는 벤저민 그레이엄은 다음과 같이 투기와 투자를 구분했다. "투자 행동은 철저한 분석에 따라 투자 원금과 만족스러운 수익을 안정적으로 약속하는 것이다. 이러한 요건을 만족시키지 못하는 행동은 투기다. 투자자의 매매 결정은 소유 주식에 내재하고 있는 경제성에 근거하며, 투기꾼의 매매 결정은 가까운 미래에 벌어질 주가의 움직임에 대한 믿음에 근거한다."

벤저민 그레이엄은 1929년 미국 다우지수가 380포인트에서 1932년 40포인트로 무려 95% 하락하여 수많은 사람들이 주식투자로 치명적 손실을 보는 것을 지켜보았다. 이러한 비극적인 결과를 본 그는 손실을 보지 않는 주식투자방법에 대해 깊은 고민을 하게 됐고, 그 결과 손해 볼 가능성이 적은 투자로서의 주식투자 관점으로 '증권분석'을 쓰기 시작하면서 투기보다는 투자의 중요성을 강조했다.

존 메이너드 케인스 John Maynard Keynes는 투기에 대해 다음과 같이 말했다. "투자는 자본의 일생 동안 그것이 산출할 수익을 예측하는 행위이고, 투기는 시장의 심리를 예측하는 행위다." 케인스의 관점에서 투자란 장기적 관점에서 산출할 수 있는 수익을 계산한 뒤 이루어지는 행위이고, 투기는 시장 참여자들의 심리를 살펴 단기간의 방향을 예상함으로써 수익을 얻으려는 노력을 의미한다. 또한 그는 주식시장을 미인대회에서 우승자를 뽑는 것에 비유했는데, 자신이 보기에 예쁜 사람을 우승자로 선정하는 것이 아니라, 남들이 봤을 때 예뻐 보일 만한 사람을 우승자로 뽑는 것이라 말하며, 주식투자는 투자라기보다는 투기에 가깝다고 언급했다.

1972년~1988년의 17년 동안 한 해도 손실 없이 연평균 72%의 수익률을 기록한 빅터 스페란데오Victor Sperandeo는 다음과 같이 말했다. "성공적 투기란 나에게 유리한 확률에 베팅하는 것이고, 도박은 그렇지 않음에도 위험을 무릅쓰는 행위다." 스페란데오에게 투자와 투기를 구분하는 것은 의미 없는 일이었다. 그는 단지 그가 할 수 있는 최선의 방법으로 확률이 높은 쪽에 베팅했으며, 17년 동안 한 해도 손실 없이 연평균 72%의 수익을 올렸다.

투기와 투자를 구분하는 흔한 예로 기본적 분석을 통한 주식 매입을 투자, 기술적 분석을 통한 주식 매입을 투기라고 표현하는 사람도 있다. 그러나 본질적으로 기본적 분석이나 기술적 분석이나 미래에 대한 예측과정이 중요하며 결국 두 방법 모두 예측과 달리 진행될 가능성이 있고 따라서 어느 한쪽을 투자, 다른 한쪽을 투기라 말하는 것은 부적절하다고 할 수 있다.

세계화가 점차 진행되며 국제 금융시장의 규모가 현저히 확대되고 있는 요즈음, 거래량이 가장 큰 투자시장은 주식이 아니라 외환시장이다. 주식투자는 가치투자 관점에서 내재가치를 평가할 수 있겠지만, 외환이나 채권투자를 가치투자 방식 그대로 할 수 있을까? 외환과 채권투자에서는 거시 경제의 흐름과 추세의 흐름에 대한 분석이 필수적이다.

투기란 유리한 확률에 투자하는 행위로 정의된다. 그런데 가치투자든 추세추종 매매이든, 랜덤워크 전략이든 그것을 수행하는 사람들은 그 방법이 확률적으로 유리하다고 생각하기에 그 방법으로 거래한다. 그레이엄은 투자를 "철저한 분석에 따라 투자원금과 만족스러운 수익을 안정적으로 약속하는 것"이라 정의했다.

그러나 불확실한 세상에 100%의 약속은 없다. 모든 것은 단지 확률의 문제이다. 가치투자에서 말하는 '철저한 분석'은 확률을 높일 수 있는 하나의 수단이지 100%의 확률을 가져오는 비기를 의미하는 것은 아니다. 추세추종 매매, 랜덤워크 전략, 가치투자 모두 확률이 높을 때 베팅한다는 관점에서 투기라 볼 수 있는 것이다.

세상의 모든 경제적 선택은 본질적으로 투기의 성격을 지닌다. 경제적 선택은 기회비용을 수반하는데, 기회비용 자체가 고정된 개념이 아니라 확률적 개념이기 때문이다. 미국 금융의 아버지 J.P. 모건 J.P. Morgan은 말한다. "위험하지 않은 투자는 없고 도박 같지 않은 투자도 없다."

딕슨 와츠는 말한다. "투기는 지적 노력을, 도박은 눈먼 기회를 전제로 한다. 투기는 계산에 따른 모험이며, 도박은 계산 없는 모험이다. 투기는 법칙이 있기에 정당함을 인정받고, 도박은 법칙이 없기에 비난을 받는다." 그의 얘기를 자세히 살펴보자. 그는 단지 기술적 분석을 말하는 것이 아니다. 가치투자, 추세추종 매매, 랜덤워크 전략 등의 모든 전략은 지적 노력과 계산을 수반하며 나름의 법칙을 가지고 있다. 그가 말하는 투기는 우리가 생각하는 투기가 아니다. 그가 말한 투기는 투기라기보다는 오히려 '현명한 거래'라고 표현하는 것이 적절할 것이다.

2 모든 사업은 어느 정도 투기적 성격을 가지고 있다. 하지만 투기라는 단어는 불확실성이 예외적으로 큰 사업에만 제한되어 사용된다. 초보자들은 투기는 운이 크게 작용하기 때문에 아

무런 규칙도, 법칙도 없다고 믿고 있으나 이는 중대한 오류다. 투기의 영역에도 얼마간의 법칙과 규칙이 존재하기 마련이다.

그렇다. 앞에서 얘기했듯이 모든 사업은 어느 정도 투기적 성격을 가지고 있다. 많은 사람들이 투기와 도박을 혼동하기에 투기에는 어떠한 법칙도 없다고 생각하나 이는 잘못된 생각이다. 투기 영역에도 나름의 법칙과 규칙들이 존재한다. 따라서 그가 'speculation'이라 표현한 것은 투기로 번역하기보다는 거래라고 표현하는 것이 적절할 것이다.

딕슨 와츠는 투자업계의 3대 투자방법 중 하나인 추세추종 매매의 종조(宗祖)격으로, 1878년~1880년 뉴욕 목화거래소의 대표를 지냈다. 딕슨 와츠는 나이가 들자 성공적인 거래자들을 위한 바이블을 썼는데, 그것이 바로 이 책 『예술로서의 투기』이다. 이 책은 1910년~1940년에 활동했던 제시 리버모어를 비롯해 당시의 트레이더들에게 큰 영향을 미쳤다. 이후 이 책은 성공한 트레이더들에게 꾸준히 인용되고 있는 반면, 책은 의회도서관이나 뉴욕 공공도서관이나 어디에도 단 한 권도 남아 있지 않았다. 그러다 1965년 잭 R. 래비언의 노력으로 다시 세상에 모습을 드러내게 됐다.

나는 15년이 넘게 주식투자를 하며 수백 권의 투자 관련

책을 읽었으나 이 책만큼 아름답고, 명쾌하며, 투자에 직접적인 도움을 주는 책을 본 적이 없다. 성공적인 투자자로서의 자질, 거래의 절대 법칙, 상대 규칙에 대한 그의 명확한 정의는 정의 그 자체로 투자에 큰 깨달음을 주며, 부록으로 실린 그의 또 다른 책 『삶에 관한 단상들』에 나오는 인생·사업·사람·사회·언어에 대한 그의 명언은 투자를 떠나 삶을 살아가는 데 큰 도움을 줄 것이라 확신한다.

3 거래에서 성공으로 가는 왕도는 없으며 거래로 어떻게 돈을 버는가를 알려주는 것보다 멍청한 짓은 없다. 자기 자신이나 다른 사람들을 위해 한 치의 실수도 없는 확실한 계획을 세우려는 사람은 자기 자신이나 다른 사람을 미혹에 빠뜨릴 뿐이다. 나는 단지 예술적 차원의 거래에 필요한 기본 법칙에 대해 말할 뿐이다. 이 법칙은 절대 법칙과 상대 규칙으로 나뉘며, 상대 규칙은 투자자의 성격, 투자방법, 그가 속한 환경에 따라 달리 적용되어야 한다.

많은 사람들이 주식투자로 성공하고 싶어 하며, 성공으로 안내하는 투자방법 역시 다양하다. 현존하는 주식투자의 3

대 전략을 살펴보면, 워렌 버핏에 의해 확립된 가치투자 전략, 시장의 움직임은 술 취한 사람의 움직임과 같아서 예측이 불가하며, 확률적으로 지수를 이기기 힘들다는 랜덤워크 전략에 따른 지수매매 전략(KODEX200, 지수펀드, S&P500 연계 상품), 시장은 언제나 옳다는 가정 하에 시장의 움직임을 추종하는 추세추종 전략을 들 수 있다.

이 중 어떤 전략을 택하는가는 절대적으로 투자자의 성격과 선호도에 달려 있다. 이 세 가지 전략은 모두 나름의 시세의 형성원리와 매매원칙이 존재하기 때문에 원칙을 철저히 지킨다면 누구라도 수익을 낼 수 있는 투자방법이다. 주식투자에서 투자방법을 몰라서 실패하는 경우는 드물다. 실패하는 이유는 투자방법을 몰라서가 아니라 자신이 선택한 투자방법의 원칙을 무시했거나, 과도한 욕심을 부리거나, 쉬어야 할 때 쉬지 못하고, 매수해야 할 때 매수하지 못하고, 팔아야 할 때 팔지 못한 경우가 대부분이다. 투자에 성공하기 위해서는 자신의 성격을 냉정하게 파악하고 자신의 성격에 맞는 투자방법을 찾아낸 후 그에 맞는 원칙을 만들고 그 원칙에 철저히 따라야 한다. 그것이 성공을 위한 절대 법칙이다.

1990년대 초반 『마켓 위저드 Market Wizards』두 편을 통해 일약 세계적 베스트셀러 작가가 된 잭 슈웨거Jack Schwager는 수십 명의 투자 고수들을 인터뷰한 후 투자 성공의 조건으로 몇 가지 사항을 언급했다.

자신이 진정 거래를 하고 싶어 하는지 다시 한 번 생각하라.

많은 사람들은 자신이 투자에 적성이 있다고 생각하며 투자를 하고 싶어 하지만 자세히 살펴보면 그렇지 않은 경우가 많다. 투자에 적성이 있는 사람이 있고 그렇지 않은 사람도 있다. 일본의 전설적 투자자 혼마 무네히사本間宗久는 이렇게 얘기했다. "주가의 고저는 천성 자연의 이치로서 오르락 내리락하므로 상승 하락을 정하기가 매우 어렵다. 이 도에 어두운 사람은 미련해 이 거래에 손댈 일이 아니다."

이 도에 어두운 사람은 미련해 이 거래에 손댈 일이 아니다.

이 말이 해당되는 투자자에게는 실로 가슴 아픈 얘기지만 이는 사실이다. 잭 슈웨거는 수십 명의 성공한 투자 고수들을 인터뷰하면서 그들이 투자 행위를 진실로 즐긴다는 공통점을 발견했다. 이들 투자 고수들은 단지 먹고 살기 위해서, 다른 할 일이 없어서 투자를 하는 것이 아니라, 거래 자체를 즐겼으며, 거래하면서 발생하는 좌절, 번민, 외로움 등의 감정을 극복할 수 있는 감정의 소유자들이었던 것이다. 반면 프루덴셜 증권의 선물시장 조사부와 투자전략팀의 책임자였으며 오랜 기간 투자를 업으로 한 전문 투자자였던 그 스스로는 거래를 즐기지 않는다는 것을 발견했다. 이후 그는 스스로의 판단에 따라 매매하는 자유 재량적 거래를 포기하고 인간의 감정이 개입되지 않는 시스템 트레이딩 투자법을 선택했고, 펀드 오브 펀드사(헤지펀드에 투자하는 펀드)를 만드는 방법을 택했다.

자신이 진정 투자를 하고 싶어 하는지 다시 한 번 생각하라.

이는 정말 중요한 말이다. 세상에는 거래가 아니라도 할 일이 많다. 주식투자는 적성이 맞지 않은 사람들이 하기에는 너무나 피곤하고, 또 재산상의 이득이 아니라 손해를 볼 수 있는 위험한 직업이다. 본인이 진정 투자를 하고 싶어 하는지, 진정 이 분야에 적성이 맞는지를 깊이 생각하고, 만약 그렇지 않다는 생각이 들면 다른 분야를 택하거나 아니면 그동안 쌓아온 투자 지식과 경험을 활용하는 방법, 예를 들면 투자 조언자, 혹은 잭 슈웨거가 선택한 것처럼 시스템 트레이딩 방법을 활용하거나 투자를 잘 하는 사람에게 자금을 모아주는 역할을 하는 펀드 오브 펀드사를 운영하는 것도 좋은 방법이 될 것이다.

이 책의 저자 딕슨 와츠는 거래자의 자질로서 자기 확신, 판단력, 용기, 신중함, 유연성의 5대 덕목을 제시했다. 자신에 대한 믿음이 부족해 남의 판단에 의지하고자 하는 성향이 높은 사람, 공포심이 많아 자신의 판단을 과감히 수행하기 힘든 사람, 신중하지 못하고 행동이 가벼운 사람, 부드럽지 못하고 하나의 생각에 집착하거나 한 번 방향을 잡으면 쉽게 생각을 돌리기 어려운 사람들은 주식투자에 적합하지 않다고 할 수 있으며, 그런데도 주식투자를 하려 한다면 이 5대 덕목을 기르기 위해 뼈를 깎는 노력을 해야 할 것이다.

자신의 성격을 냉정히 파악하고 성격에 맞는 투자방법을 구사하라.

자신이 진정 매매를 하고 싶어 하는지를 깊이 생각하고 일단 매매를 직업으로 삼기로 마음먹었다면 그 다음 중요한 것이 자신의 성격에 맞는 투자방법을 선택하는 것이다. 현존하는 투자방법은 크게 가치투자, 랜덤워크 전략, 추세추종 매매, 매크로 전략의 네 가지를 들 수 있다. 기업의 가치분석을 선호하고 원금의 손실 가능성을 극도로 혐오한다면 가치투자의 방법을 선택하는 것이 좋다. 그러나 기업분석에 자신이 없다면 랜덤워크 전략을 구사해 지수 관련 상품, 예를 들면 KODEX200을 매수해 장기 보유하는 것이 좋을 것이다. 반면 가격이 모든 것을 반영하므로 가격 자체의 움직임이 중요하다고 생각하는 사람은 추세추종 매매를 구사하는 것이 좋고(이 경우 시스템 트레이딩 방법이 적합하다.) 자신이 거시경제 분석을 통해 경제 흐름을 파악할 능력이 있다면 거시경제의 흐름과 밀접하게 움직이는 외환, 채권거래, 그리고 주도 대형주 매매를 하는 것이 좋다.

자신만의 특별한 투자 강점이 존재해야 한다.

거래하는 데에는 자신만의 특별한 무기가 필요하다. 그것이 거래기법이든, 투자원칙이든, 혹은 기술적 분석력이든, 냉정한 분석력이든, 남들보다 뛰어난 자신만의 강점이 있지 않고서는 장기적으로 주식투자에서 성공하기가 쉽지 않다. 아무리 뛰어난 자금관리기술을 가지고 있어도 또는 아무리 뛰어난 훈련을 받아도 자신만의 특별한 무기가 없다면 투자에서 성공하기란 쉽지 않다. 투자의 세계는 이제 막 투자의 세계에 입문한 초보자와 전 세계적인 정보력과 자금력을 가진 전문 투자자들이 아무런 핸디캡 없이 진검승부를 펼치는 곳이다. 만약 자신의 투자 강점이 무엇인지 모른다면 자신만의 투자 강점을 갖고 있지 않은 것이다.

투자방법을 개발하고 그에 맞는 투자원칙을 철저히 준수하라.

　가치분석 방법이든, 기술적 분석 방법이든, 시스템 트레이딩 방법이든, 경제분석이든, 수급분석이든, 재료 매매든, 정보 매매든, 남에게 의지하지 않고 스스로 투자할 수 있는 투자방법을 개발해야 하며, 그에 맞는 투자원칙을 만들고 철저히 준수해야 한다. 스스로 투자할 수 있는 투자방법을 개발하고 투자원칙을 만드는 것은 결코 쉬운 일이 아니다. 그러나 이 책을 반복해서 읽고 뼛속 깊이 새겨 넣는다면 자신만의 훌륭한 투자방법을 개발하고 투자원칙을 만들 수 있을 것이다. 이 책은 결코 한 번 보고 책꽂이에 꽂아둘 책이 아니다. 보고 또 보고 외워 익혀야 한다. 특히 자신만의 투자방법이 없거나 심리적으로 위축된 투자자라면 어디를 가든 항상 가지고 다니며 외우고 또 외우기를 권한다.

자금관리와 위험관리를 할 줄 알아야 한다.

　자신만의 자금관리와 위험관리 방법이 없는 사람은 다음과 같은 방법을 활용하기 바란다. 우선 수익을 내겠다는 마음보다는 손실을 보지 않겠다는 생각에 따라 매매하기 바란다. 작은 이익이라도 감사한 마음을 갖고 수익의 일정 부분을 떼어 따로 보관하라.

구체적인 방법은 다음과 같다.
1. 한 번의 거래에 자신의 투자자금 5% 이하만을 위험에 노출하라. 이는 한 번의 거래로 최대 5% 이상을 손실 보지 않는 범위에서 투자하라는 말이다.
2. 거래를 하기 전에 어느 수준에서 시장에 나올 것인지를 미리 정하라. 주식을 매수하는 경우 언제 팔 것인지를 매수하기 전에 미리 투자 노트에 적어 놓는 것이 좋다.
3. 만약 미리 정한 손실 허용 범위까지 손실이 생기면 과감히 포지션을 정리하고 다시 거래하기 전에 무엇이 잘못된 것인지 분석하고, 문제의 원인을 파악하고 자신이 생길 때까지 투자를 쉬어라. 상승장에서 투자를 쉬면 다시는 기회가 없을 것 같은 생각이 들기도 한다. 그러나 투자 기회는 죽을 때까지 너무나 많고 투자 대상은 주식뿐만 아니라 외환, 채권, 선물, 원자재 등 너무나 많다.

혼마 무네히사는 이렇게 말한다. "거래 진행을 서두르지 마라. 매도와 매수 모두 생각대로 진행할 때는 오늘 이외에 다른 거래장은 없는 것처럼 생각되어도 이것은 기교가 없기 때문이다." "거래는 시작이 중요하다. 시작이 나쁘면 이후 반드시 어긋나게 된다. 거래를 서둘러 진행시키지 말 것이며, 서두르면 시작이 나쁜 것과 마찬가지이다. 매수와 매도 공히 오늘만큼 좋은 시장이 없다고 생각될 때 3일을 기다려라. 이것이 방책이다." 또한 매매를 쉬기 어렵다면 평소에 비해 작은 규모로 줄여 투자하는 것도 좋은 방법이다. 한 투자 고수는 손실이 발생할 때마다 투자금액을 절반으로 줄여 나가다 수익이 발생하면 다시 투자금액을 두 배로 늘려가는 전략을 구사해 좋은 성과를 거두었다.

거래 계획을 세워라.

거래 계획 없이 시장에서 승리하려 하는 것은 설계도 없이 집을 짓는 것과 같다. 거래 계획은 거래 방법, 자금관리 방법, 매수 시기, 매도 시기를 결합한 것이다. 거래 계획은 투자자의 핵심 철학을 나타내는 것으로, 계획 없이는 어려운 상황에 부딪혔을 때 포지션을 유지하거나 계획대로 투자를 진행하기 힘들므로 반드시 거래 계획을 세워야 한다.

자기 훈련(Discipline)에 힘써라.

자기 훈련은 자신이 정한 위험관리 방법을 효과적으로 수행하고, 투자원칙을 아무런 주저함 없이 기계적으로 수행하기 위해 반드시 필요하다. 많은 고수들은 자기 훈련이야말로 투자의 성패를 가르는 아주 중요한 요소라고 강조한다.

스스로 판단하고 스스로 결정하고 스스로 매매하고 스스로 책임져라.

스스로 투자할 수 없다면 투자하지 마라. 그가 누구이든 남의 조언에 따라 투자해서는 결코 성공할 수 없다는 사실을 명심하기 바란다. 스스로 투자한다는 것은 각고의 노력을 필요로 한다. 그러나 스스로 투자할 능력을 갖추면 평생 먹고 살 수 있는 방법을 찾은 것과 같다.

자신에 대한 믿음을 가질 수 있도록 충분히 연구하고, 큰 이익을 위해서는 때때로 적은 손실은 감수해야 한다는 사실을 기억하라.

자신에 대한 믿음이란 스스로를 믿는 마음이다. 스스로를 믿는다는 것은 그만한 공부와 경험이 있지 않고서는 생기기 힘들다. 많은 초보자들이 아무것도 모른 채 주식시장에 뛰어들고 또 그러다 많은 손해를 보고 나서야 공부의 필요성을 느끼게 된다. 그러나 공부를 해도 좀처럼 수익이 나지 않으므로 공부를 포기하고 주식전문가나 소위 주변의 고수라는 사람에게 의지하는 경향이 생기게 되는데 이는 결코 주식시장에서 성공할 수 없는 방법이다. 자신에 대한 믿음을 갖지 못한 투자자의 수익은 모래로 지은 집과 같다. 충분한 공부를 통해서 스스로에 대한 믿음이 생기고 그에 따라 자기 확신이 생기기 전까지는 주식투자로 돈을 벌 욕심을 부리지 말아야 하며, 굳이 매매가 하고 싶다면 슈퍼마켓이나 백화점에서만 매매하는 것이 좋을 것이다.

매수하기 전에는 충분히 생각할 시간을 갖기 위해 인내하고, 매수한 후에는 충분한 수익이 날 때까지 인내하라.

 투자와 사람을 쓰는 것은 비슷하다. 사람을 쓰기 전에는 충분한 시간을 갖고 꼼꼼히 분석해야 나중에 후회하지 않는다. 투자도 이와 같다. 충분한 숙고 없이 주식을 매수한다면 나중에 후회할 일이 생긴다. 따라서 주식을 매수하기 전에는 오랜 시간 지켜보고 연구하고 분석하는 시간이 필요하며, 이러한 과정을 통해 확신을 갖고 주식을 매수했다면 단기간 손실이 난다 해도 수익이 날 때까지 원래 생각했던 목표가에 도달할 때까지 인내해야 한다. 수익은 엉덩이에서 나온다는 투자 격언이 있다. 이는 투자에서 인내의 중요함을 강조하는 말이다.

한 번에 모두 팔고 한 번에 모두 사지 마라. 분산의 법칙을 기억하라.

투자자의 판단이 항상 맞는 것은 아니다. 매도할 때 한 번에 모두 팔지 말고 나눠 팔고 매수할 때 한 번에 모두 사지 말고 나눠 매수하라. 그리고 투자자는 신이 아니다. 한 종목에 집중하는 것은 위험하다. 대략 10종목 정도로 분산해 투자하라.

판단이 틀렸다 생각하면 즉시 행동하라.

이는 분산의 법칙과 배치되는 내용이다. 그러나 아무리 생각해도 판단이 틀렸다는 생각이 들면 즉시 행동할 필요가 있다. 명백히 자신의 판단이 틀렸다는 생각을 했음에도 혹시나 싶어 무작정 행동을 미루는 것은 치명적 손실로 연결될 수 있다. 아니다 싶을 때는 마음을 비우고 과감히 자를 필요가 있다.

남의 눈을 의식하지 마라.

　상승을 주장하다 자신의 판단이 틀렸을 때 하락으로 방향을 전환하거나 그 반대로 하는 것을 절대 두려워하지 마라. 우리는 돈을 벌기 위해 투자하는 것이지 남에게 잘 보이려고 투자하는 것이 아니다. 실전 최고수들도 방향 바꾸기를 밥 먹듯이 한다. 시황을 쓰는 사람이라면 자신의 주장을 바꾸는 것은 쉽지 않은 일이다. 그러나 틀렸다는 생각이 들면 기존 입장을 보호하려 하지 말고 과감하게 방향을 바꿔라. 이러한 자세가 본인도 살고 시황을 보는 사람들도 살리는 길이다.

바닥과 천정을 논하기보다는 현재의 리스크와 수익 가능성을 따지는 데 집중하라.

　편하게 수익을 낼 수 있는 구간은 상승 초기가 아니라 중기, 그리고 큰 수익은 후기에 난다는 것을 기억하고, 처음 상승 랠리에 참여하지 못했다 하더라도 실망하지 말고 꾸준히 관찰해 중기·후기 수익을 내는 데 집중하라.

이겨야만 하는 돈으로는 수익 내기가 쉽지 않다.

　잃어도 될 여유자금으로만 투자하고, 두려움에 떨며 매도하지 말고, 급등에 홀려 추격 매수하지 마라. 예상과 달리 움직일 때는 반대 방향의 가능성이 높으니 다시 한 번 생각하기 바란다.

4 거래자에게는 자기 확신, 판단력, 용기, 신중함, 유연성이라는 5대 덕목이 필수적이다.

드디어 딕슨 와츠의 가르침이 시작된다. 딕슨 와츠는 성공하는 투자자가 되기 위해서는 자기 확신, 판단력, 용기, 신중함, 유연성의 5대 덕목이 필수적이라고 말한다. 어떤 일이나 마찬가지이지만 성공하기 위해서는 강한 자기 확신이 필요하다. 자기 확신이 없다면 올바른 판단을 할 수 없으며, 용기가 나올 리 없고, 신중함은 사치가 되며, 유연성이 없어지고 완고해지게 마련이다. 투자의 세계에서 유연성의 부재는 곧 죽음이다. 이렇듯 투자에서 인간의 심리는 중요하다. 그러하기에 최근 들어 투자에서 인간의 심리와 행동 방식에 대한 연구가 본격화되고 있다. 다음은 몇 년 전 내가 인간의 오감과 심리에 관해 쓴 글이다. 딕슨 와츠의 자기 확신, 판단력, 용기, 신중함, 유연성으로 넘어가기 전에 잠시 살펴보고 넘어가자.

우리는 우리의 눈으로 보는 시각과 청각이 왜곡될 수 있다는 것을 알아야 하며, 시각과 청각에 의해 전달된 정보가 뇌에서 다시 심하게 왜곡될 수 있다는 것도 인정해야 한다. 우리는 눈을 감고 잠을 자는 동안에도 꿈속에서 무언가를 본다. 보는 것은 눈으로만 가능하다고 생각하지만 눈을 감고서도 뭔가를 볼 수 있는데, 결국 이것은 보는 것은 눈이 아니라 우리의 뇌라는 사실을 알 수 있다.

인간은 판단을 내릴 때 컴퓨터처럼 논리적인 결론을 내리지 못한다. 투자심리학과 행태주의 재무이론의 권위자인 존 노프싱어John Nofsinger는 말한다. "인간의 두뇌는 컴퓨터처럼 작동하지 않는다. 두뇌는 분석시간을 단축하기 위해 흔히 간편한 방법이나 감정적 여과장치를 통해 정보를 처리한다. 이러한 과정을 거친 의사결정은 여과장치를 거치지 않은 의사결정과 다른 경우가 많다. 이와 같은 여과장치와 간편한 방법을 심리적 편견이라 지칭하기도 한다."

인간의 시각은 카메라와 같이 사실을 사실 그대로 보는 것이 아니라 자신의 경험과 가치관이라는 여과장치를 통해 대상을 본다. 따라서 내가 보는 현상은 사실이 아니라 나의 해석에 의해 굴절된 사실이다.

인간의 청각 역시 선택적 과정을 통해 듣는다. 내가 관심 있는 것은 작은 소리도 크게 들리고, 관심이 없는 일은 큰소리라 해도 듣지 못하는 경우가 많다. 더 나아가 인간은 환청을 듣기도 한다. 이렇듯 인간의 시각과 청각이 현상을 불완전하게 받아들이며, 그렇게 받아들인 정보도 다시 뇌 속에서 자신의 경험과 가치관에 의해 재해석되기 때문에 인간이 사실이라고 믿는 수많은 사실들은 정확한 사실이 왜곡된 정보라고 볼 수도 있다.

플라톤은 이것을 동굴의 비유로 표현했다. 동굴 안에 있는 죄수는 동굴 밖에서 벌어지는 일을 그림자를 통해 보며 그림자를 통해 본 세계를 진실한 세계로 사고하게 되며, 석방되어 동굴 밖에 나왔을 때도 눈에 보이는 세계가 아닌 그림자의 세계를 현실이라 생각하게 된다는 얘기다. 동굴 속의 죄수처럼 모든 인간은 사실을 사실로 보는 것이 아니라 자신의 경험과 가치관에 의해 왜곡된 그림자를 사실로 본다. 이것은 어쩔 수 없는 인간의 한계다.

일단 우리의 눈과 귀로 받아들인 정보가 사실이 아닐 수 있다는 생각을 하게 되면 우리는 우리가 투자과정에서 저지

르게 되는 많은 실수를 이해할 수 있게 된다.

인간의 두뇌는 충격의 강도나 필요의 중요도에 따라 선택적 저장을 한다.

충격에 남는 사건은 중요도가 높게 평가되어 오래 기억에 남는 반면, 사소한 사건은 기억에서 쉽게 잊혀진다. 그러나 너무 충격적이어서 기억하기 싫은 괴로운 사실들은 회피라는 과정을 통해 무의식의 세계에 저장된다. 과거의 고통은 언제나 현재의 고통보다는 가볍게 느껴진다. 그래서 쓰라렸던 현실도 아름다운 추억이 될 수 있는 것이다. 그러나 무의식의 세계로 넘어간 충격적인 사실들은 기억하지는 못하지만 각종 공포증(포비아, phobia)으로 남아 이후의 생활에 영향을 주기도 한다.

이러한 두뇌의 선택적 저장이 투자에 악영향을 주는 경우가 있다. 몇 번이나 감자의 고통을 느꼈던 과거의 하이닉스 보유자들(혹은 직원들)이 기업이 좋아지는 것을 알면서도 저가에 선뜻 매수하지 못하는 경우가 있는 반면(이는 과거의 큰 충격이 현재의 합리적 행동에 악영향을 주는 경우다), 미수와 신용으로 큰 손해를 봤던 경험이 있는 투자자가 과거 잘못된 행위로 손실을 본 기억을 쉽게 잊어버리고 똑같은 실수를 반복하는 경우도 있다(과거에는 충격적 손실이었지만 지나고 나니 과거가 됐고 과거의 고통은 언제나 현재의 고통보다 가볍기 때문이다).

인간은 자신의 능력과 행운에 대해서는 과대평가하는 경향이 있다.

경마장, 경륜장, 카지노에 끊임없이 사람들이 몰려들고, 고스톱이나 포커에 대해서는 누구나 스스로를 고수라 생각한다. 스스로에 대한 과대평가를 통한 행위는 결국 스스로에 대한 환멸로 연결된다. 살아가는 동안 인간은 스스로에 대한 과대평가에서 과소평가로 다시 과대평가로 끊임없이 반복되는 삶을 살게 된다. 따라서 스스로가 자랑스럽게 느껴질 때는 일단 겸손해질 필요가 있으며, 스스로에 대한 환멸이 심해질 때는 스스로 자기를 높일 필요가 있다.

이렇듯 자신의 능력과 행운에 대한 과대평가는 확률적으로 불리한 일을 섣불리 감행하는 원동력이 되며, 급등주에 대한 추격 매수, 상장 폐지 예정종목에 대한 데이트레이딩, 시간 가치까지 비용을 지불해야 하는 옵션 매수를 투기적으로 하는 행위들을 설명해 준다.

누구나 동료들의 판단에 쉽게 영향을 받으며, 지지자가 많은 생각일수록 받아들이는 데 저항이 없다.

누구나 자신이 속한 집단의 생각과 가치관에 자연스레 자신의 생각을 맞춰가려는 경향이 있으며, 많은 사람들이 받아들인 생각은 사실 여부와 관계없이 쉽게 받아들이는 경향이 있다. 일반적으로 조로아스터교나 미트라교의 부활에 대한 믿음은 황당한 신화로 생각하지만 기독교의 부활신앙은 쉽게 받아들인다. 또한 기독교가 세계를 지배했던 중세시대에는 원숭이가 진화되어 인간이 됐다는 생각은 어이없는 바보의 생각이라고 단정지었을 테지만, 지금은 원숭이가 인간으로 진화됐다는 생각을 아무런 의심 없이 받아들이기도 한다. 과연 현재 동물원에 있는 원숭이가 인간으로 진화되려면 얼마나 많은 시간이 걸릴까? 전문가들에 따르면 지구가 현재와 같은 궤도로 우주에 존재할 가능성, 진화론에 따른 인류의 진화 가능성은 다시는 일어날 수 없는 기적과 같은 확률의 사건이라고 한다.

따라서 주식투자자들은 자신의 투자환경을 신중하게 선택해야 한다. 개인투자자들에게 주식투자는 손실의 가능성이 이익의 가능성보다 높기 때문에, 가능하면 리스크가 낮은 투자 분위기, 안전 마진이 높은 주식을 매매하는 분위기,

손실 가능성이 높은 단기매매보다는 장기매매를 선호하는 분위기를 선택하는 것이 더 유리할 것이다.

이익에 대한 만족도보다는 손실에 대한 공포가 더 크다.

1억 원을 투자해서 1억 원을 버는 경우와 1억 원을 투자해서 1억 원 모두를 날리는 경우, 1억 원을 모두 손해 보는 경우의 공포는 1억 원을 벌 때의 만족도에 비해 비교할 수 없을 정도로 크다. 이익에 대한 만족도보다 손실에 대한 공포가 큰 것은 투자자들이 잘못된 판단을 내리는데 크게 기여한다. 예를 들면 수익을 낸 주식과 손실을 낸 주식, 둘 중 하나를 팔아야만 하는 경우가 생긴다면, 저평가 여부나 추가 상승 가능성을 고려하기보다는 대부분 수익을 낸 주식을 팔게 되는 경향이 높다. 이러한 이유로 상승하는 주식의 보유기간은 짧아지고 하락하는 주식의 보유기간은 길어지게 된다.

공짜로 얻은 수익은 더 큰 리스크를 감내한다.

평생 고생해서 번 돈보다는 복권에 당첨된 돈이나 상속받은 돈이 더 큰 리스크를 감내할 수 있다. 창업자보다는 재벌 2세들이 더 공격적으로 사업을 확장하는 경우가 많다. 그러다 실패하는 경우가 높은 것, 도박이나 주식투자를 하면서 쉽게 얻은 이익이 쉽게 낭비되고 쉽게 소진되는 것은 이러한 이유 때문이다. 쉽게 번 돈, 쉽게 나간다는 속담은 주식투자자들이 반드시 기억해야 할 말이다. 주식투자는 상황이 좋을 때는 한없이 좋을 것 같지만 상황이 반전되어 감당할 수 없이 괴로운 순간들이 자주 찾아온다. 따라서 주식투자자는 좋을 때는 항상 어려울 때를 생각하며 겸손한 생활을 해야 한다. 헤지 펀드의 세계에서는 운용자가 자가용 비행기를 구입(혹은 임대)하거나 유명 골프장 회원권이나 비싼 저택을 살 경우, 혹은 수익률이 너무 좋을 때는 오히려 자금을 뺀다고 한다. 이는 확률적으로 좋을 때 이후에는 어려울 때가 올 가능성이 높기 때문이다(평균 회귀의 법칙, Regression to the mean).

무행위 후 실수에 대한 고통보다는 행위 후 실수에 대한 고통이 더 크다.

손실이 난 종목을 손절매하고 그 주식이 올라가는 것을 쳐다볼 때의 고통은, 손절매하고 갈아탄 주식이 상승할 때의 만족도보다 크다. 이러한 행위 후 실수에 대한 고통은 잘못한 결정을 수정하기 어렵게 만든다. 경제학에 매몰비용 sunk cost이란 용어가 있다. 이것은 과거에 이미 지불된 비용이므로 현재 행위를 하든 안 하든 손익에 영향을 주지 않는다. 그러나 실제로 매몰비용은 사람들에게 큰 영향을 준다. 어떤 기업의 실적이 악화되어 주가가 1,000원으로 떨어질 확률이 높다는 것을 알고 있는 두 명의 투자자가 있다고 하자. 그런데 A의 매입 가격은 1만 원인 반면, B의 매입가격은 1,300원이다. 이때 A는 추가적인 하락을 예상해도 쉽게 손절매하지 못하는 반면, B는 매도 후 더 낮은 가격의 재매수를 시도할 가능성이 A보다 높다.

이러한 매몰비용과 행위 후 실수에 대한 고통이 투자 심리에 미치는 영향이 매우 크기 때문에 주식 격언에는 다음과 같은 말이 있다. "손실이 커진 주식은 원점에서 다시 생각해 보라.", "만약 내가 이 주식을 보유하지 않았다 해도 이 가격에 다시 매수할 것인가?", "손실에 대한 기억이 추가 손실을 유도할 가능성이 높으니 큰 실수를 한 후에는 거래를 잊고 여행을 다녀와라."

평상시라면 시도하지 않을 고高리스크의 행위를 손실 발생시에는 과감히 행한다.

평상시 옵션 매매는 승리할 확률이 낮고 고高리스크의 행위라고 생각하여 피하는 사람들도 주식이나 선물 매매로 큰 손해를 보면 쉽게 옵션 매매를 하게 된다. 큰 것 한방에 대한 욕구는 부자들보다는 가난한 사람들에게 높기 마련인데, 이것은 부자가 아닌 사람들이 복권을 더 많이 사는 이유다. 따라서 주식투자자들은 상황이 나빠질 때도 냉정하게 생각할 필요가 있다. 과거의 손실은 매몰비용일 뿐이며, 현재의 선택이 과거의 선택에 의해 영향을 받는다면 비합리적인 판단을 할 가능성이 높기 때문이다.

지금까지 우리 인간 사고의 취약성에 대해 몇 가지를 살펴보았다. 주식시장에는 너무나 많은 적들이 산재해 있다. 그리고 그러한 적에 맞서 싸우는 '나'라는 존재 역시 근본적으로 여러 취약성을 가지고 있어 합리적 판단을 내리기보다는 잘못된 판단을 내릴 가능성이 높다. 그리고 이러한 취약한 기반에다 개인투자자들은 올바른 투자 판단을 내릴 수 있는 정보의 양과 그런 정보를 올바르게 해석할 수 있는 능력까지도 부족하다. 전쟁에서 승리하기 위해서는 승리할 요인이 많아야 한다. 그런데 이렇게 모든 것이 부족한 상황에서 개인투자자들은 대주주, 세력, 기관투자자, 외국인이라는 막강한 적들과 전쟁을 치르게 된다. 그렇다면 승리할 요인이 개인투자자들에게 많을 것인가? 아니면 개인투자자들을 제외한 다른 쪽에 있을 것인가?

개인투자자가 인간 심리를 고려해 주식시장이라는 전쟁에서 승리할 수 있는 비결은?

1. 시장에서 자신은 약자라는 사실을 분명히 인정한다. 이를 인정하게 되면 시장 앞에 겸손한 마음을 유지할 수 있고, 따라서 실패할 가능성이 높은 행동(미수, 신용, 잦은 매매, 옵션 거래)을 피할 수 있다.

2. 과도한 욕심은 절대적으로 피하라. 주식시장에서 자신은 호랑이가 아니라는 사실을 잊지 말고 과도한 욕심은 절대적으로 피해야 한다.

3. 매매횟수를 최소화시키고 손절매하지 않을 주식만 매수하라. 매매횟수가 많은 투자자는 전사할 확률이 높다. 따라서 주식을 매수할 때는 손절매를 안 할 주식만으로 매수 대상을 제한해야 할 필요가 있다.

4. 매수 후에는 만족할 만한 수익을 거둘 때까지 장기 보유하라. 고점에서 매도 후 저점에서 매수하는 것은 대주주나 큰손(기관, 외국인, 세력)들에게만 가능한 호랑이 사냥법이다. 가끔 사슴들이 자신을 호랑이로 착각하기도 하는데, 일시적 착각은 가능하지만 장기적 착각은 호랑이들의 밥이 될 가능성을 높이게 될 것이다.

5. 기회가 닿는 한 끊임없이 공부하라. 투자는 종합예술이다. 종합예술을 잘 하기 위해서는 다양한 분야에 대해 많은 공부를 해야 한다. 워렌 버핏의 충실한 동반자 찰리 멍거Charlie Munger는 말한다. "투자는 광범위한 영역이다. 그렇기 때문에 당신이 투자를 잘 하고 싶으면서도 책을 읽지 않는다면 당신은 나와 생각이 전혀 다르다고 할 수 있다. 아마 당신은 워렌 버핏이 얼마나 많은 책을 읽는지 안다면 깜짝 놀랄 것이다. 또 내가 얼마나 책을 많이 읽는지 알아도 역시 깜짝 놀랄 것이다."(찰리 멍거, 2003년 버크셔 해서웨이의 연차보고서에서)

5 자기 확신 : 인간은 스스로 생각하고 그 자신의 확신을 따라야만 한다. 조지 맥도널드는 말한다. "다른 사람의 영혼이나 육체를 가질 수 없는 것처럼 다른 사람의 생각을 가질 수는 없다." 자신을 믿는 것은 성공을 위한 모든 노력의 토대다.

투자자에게 자신에 대한 믿음은 그 무엇보다도 중요하다. 자신에 대한 믿음은 다른 모든 것을 위한 토대이며, 이것이 무너지면 모든 것이 무너지게 된다. 자기 확신이 부족한 천재보다 자기 확신이 강한 바보가 투자에서는 오히려 유리하다. 자기 확신은 투자자로서의 자질을 평가하는 데 가장 중요한 요소이므로, 투자를 직업으로 삼을 것인가를 결정할 때 다른 무엇보다도 냉정하고 심각하게 생각해야 한다. 또한 투자에 확신을 갖기 위해서는 많은 공부와 연구가 필수적이다.

6 판단력 : 인간의 육감(영감 · 시각 · 청각 · 후각 · 촉각 · 미각)이 유기적 균형을 이룰 때 판단력이 좋다고 말하며, 이는 거래자에게 필수적이고 근본적인 요소다.

딕슨 와츠는 판단력을 인간의 육감이 유기적 균형을 이루는 것이라고 했다. 이 얼마나 직관적이고 본질을 꿰뚫어보는 표현인가? 명쾌한 판단은 정확히 알고 있는 사람만이 가능하다. 판단력에 대해 이보다 명쾌한 정의는 없을 것이다. 혼마 무네히사의 『혼마비전』과 더불어 일본의 양대 투자 고전으로 꼽히는 시운사이 우시다 겐자부로의 『삼원금천비록』이 있는데, 여기에서 삼원은 눈과 귀와 입을 의미한다. 눈과 귀와 입은 원숭이와 같아서 다루기 어려우나 이를 잘 다룬다면 금이 샘물처럼 솟아나게 될 것이라는 이야기다. 이처럼 좋은 판단력은 육감의 유기적 균형 속에 나오므로 투자자는 건강한 육체와 건전한 정신을 유지하도록 노력해야 하며 영감을 위해서는 좋은 책을 많이 읽거나 명상·등산·여행 등을 활용한다면 도움이 될 것이다.

초끈이론과 M이론에서 배우는 주식투자

물리학에 초끈이론super-string theory 과 M이론이라는 것이 있다. 초끈이론은 1974년에 캘리포니아 공대의 슈바르츠 박사가 제시한 이론으로, 우리가 사는 시공간은 4차원(3차원의 공간, 1차원의 시간)이 아니라 10차원의 시공간으로 구성되어 있다는 이론이다.

그런데 이 초끈이론은 여러 수학적 모순을 지니고 있어 별로 주목받지 못하다가, 프린스턴 고등연구원의 위튼 박사가 10차원이 아닌 11차원으로 보면 초끈이론의 여러 문제점들이 해소된다고 제창한 후 M이론으로 불리고 있다. M은 Mother, Mystery, Membrane 등의 약자라고 한다.

M이론을 다시 정리하면 다음과 같다. "만물의 근본은 양성자나 중성자와 같은 입자가 아니라 진동하는 작은 끈(멤브레인과 같은 작은 막)으로 이루어져 있다. 이 끈의 크기는 원자에 비해 엄청나게 작은데, 원자의 크기를 지구의 크기로 보면 이 끈은 바로 원자의 크기에 해당된다. 이 작은 끈들이 진동하며 어느 때는 입자로, 어느 때는 파동의 모습으로 나타나게 된다. 그리고 이러한 이론이 성립하기 위해서는 시공간은 11차원이 되어야 한다."

만물의 근원에서 배우는 주식투자

물질의 근본이 무엇인가 하는 질문에 대해서는 고대로부터 많은 생각들이 있었다. 고대 그리스에서는 만물의 근원은 물이라는 탈레스Thales에서, 만물의 근원은 불이라는 헤

라클레이토스Herakleitos, 만물의 근원은 수數라는 피타고라스Pythagoras, 그리고 만물의 근원은 원자原子라는 데모크리토스Demokritos까지 다양한 주장들이 있어왔다.

그중 특이한 주장을 한 사람으로 BC 450년경의 엠페도클레스Empedokles라는 사람을 들 수 있는데, 그는 만물의 근원이 땅(地), 물(水), 불(火), 바람(風)이라는 불생, 불멸, 불변의 4대 요소로 구성되어 있다고 주장하며, 이들 4대 요소가 사랑과 투쟁의 힘에 의해 결합되거나 분리되면서 변화가 발생한다고 주장했다.

그의 말에 따르면, 사랑이 지배하는 시기, 투쟁의 힘이 강해지는 시기, 투쟁이 지배하는 시기, 사랑의 힘이 강해지는 시기의 4개 구간이 끊임없이 반복되며 역사를 만든다고 한다. 사랑이 지배하는 시기가 극한에 이르면 투쟁의 힘이 강해지고, 투쟁의 힘이 지배하는 시기가 극한에 이르면 다시 사랑의 힘이 강해져 결국 사랑이 지배하는 시기로 변화되는 과정이 끊임없이 반복된다고 한다.

엠페도클레스의 지地, 수水, 화火, 풍風의 4대 요소는, 삼라만상과 인간의 육체를 구성하는 4대 요소로 지, 수, 화, 풍의 사대四大를 드는 불교의 가르침과 유사하다.

地(지)는 만물을 소생시키는 근본으로 몸을 지탱하는 뼈와 살이다. 水(수)는 만물을 성장시키는 습기와 액체, 몸의 피와 수분을 말한다. 火(화)는 만물을 성숙시키는 에너지, 몸의 온기를 말한다. 風(풍)은 만물을 변화시키는 움직임, 몸의 호흡을 말한다.

한편, 음양오행의 이론에 따르면, 만물이 생성하는 목木, 만개되는 화火, 그것의 근본이 되는 토土, 수축하는 금金, 수축이 강화되며 다음 목木을 준비하는 수水를 통해 만물의 변화를 설명하기도 한다.

과거에는 우주의 근원이나 만물의 존재에 대한 연구가 철학이나 종교를 통해 이루어졌다(그것이 철학이나 종교의 기본 목적 중 하나이기 때문이다). 그런데 요즘은 그 역할을 과학이 하고 있다. 따라서 냉정히 말하자면 요즘의 철학과 종교는 그 근본 역할을 잃었다고 할 수 있으며, 이 시대에는 과학자이야말로 진정한 의미의 철학가, 종교가라고 할 수 있을 것이다.

주식시장의 미래를 예측한다는 것은 그 메커니즘이 점쟁이가 점을 치는 행위와 다를 바가 없다. 점쟁이는 자신을 찾아온 사람들의 얼굴과 몸에 기록된 과거의 데이터를 활용해 그 사람의 현재를 평가하고, 그러한 평가를 바탕으로 논리의 흐름을 전개해 그 사람의 미래를 예측한다. 마찬가지로 주식시장을 예측하는 사람도 확보할 수 있는 최대의 정보를 종합해 논리의 흐름을 전개하여 미래를 예측하니, 둘 사이의 메커니즘에는 별반 차이가 없다고 말할 수 있다.

그런데 용한 점쟁이들은 우리가 살고 있는 4차원의 세계가 아닌 더 높은 7차원의 세계의 도움을 통해 답을 내리기도 한다. 이른바 신이 내렸다는 용한 점쟁이들 말이다. 인간은 무궁무진한 능력을 가지고 있다. 태어날 때는 비슷하게 태어나지만, 성장과정에서의 학습과 노력에 따라서 초인적인 능력을 발휘할 수 있다.

한 분야의 전문가나 숙련공들은 평범한 사람들이 상상할 수 없는 능력을 발휘한다. 물건을 잡아보기만 해도 그램 단위로 정확히 무게를 잴 수 있는 사람이 있고, 맛만 보고 수많은 와인의 종류를 감별해낼 수 있는 사람도 있다. 또한 천지변화를 보고 세상의 미래를 예측하는 사람도 있고, 초인적인 수도를 통해 인간으로서는 도저히 해낼 수 없는 일을 가볍게 해내는 사람도 있다. 훈련을 통해 탄생하는 인간병기들(델타 포스나 UDT 같은 Killing Machine)도 그러한 예의 하나라 볼 수 있다.

인간의 능력은 개발의 정도에 따라 무궁무진해질 수 있

으며, 그것이 가능한 것은 원래 무한대의 능력을 타고나서이기도 하지만, 보이지 않는 세계를 통해 에너지와 지혜를 얻을 수 있는 환경이 이미 존재하기 때문이다.

주식투자나 사업을 하는 사람들은 스스로의 능력과 눈에 보이는 세계의 지혜만으로는 쉽지 않다는 생각을 할 때가 있을 것이다. 아무리 열심히 연구하고 노력해도 소기의 성과를 이루지 못할 때가 있기 때문이다. 그래서 진인사대천명盡人事待天命이라는 말이 있고, 운칠기삼運七技三이라는 말이 생겼을 것이다.

할 수 있는 최선의 노력을 다하고 그리고 거기에 추가해서 7차원의 숨은 시공간의 에너지와 지혜를 활용할 수 있다면 주식투자의 성공 확률은 좀 더 높아질 수도 있을 것이다.

7 용기 : 이성의 판단에 따를 수 있는 자신감을 말한다. 거래자는 미라보의 말을 명심해야 한다. "대담하라. 계속 대담하고, 언제나 대담하라."

일단 충분히 생각하고 결론을 내렸다면 스스로를 믿고 과감히 행할 수 있는 용기가 필요하다. 세계적 투자자 조지 소로스George Soros는 이익 낼 기회가 왔을 때는 가능한 크게 수익을 내야 한다고 말한다. 이모저모 따져보고 확실한 수익이 예상될 경우 주저하는 마음으로 과감히 베팅하지 못한다면 과연 언제 수익을 낼 것인가? 투자업계에서 성공하기 위해서는 "원금을 소중하게 보존하고 홈런을 쳐야 한다"는 얘기가 있다. 평상시 손실을 보지 않도록 주의하고 기회가 왔을 때는 홈런을 치는 것과 크게 베팅하고 큰 수익을 내야 업계에서 탑 랭크에 드는 투자자가 될 수 있다는 말이다.

8 신중함 : 경계심이나 조심성과 함께 위험을 예측할 수 있는 힘을 말하며 이는 매우 중요하다. 신중함과 용기, 이 둘 사이에서 균형을 이루어야 한다. 신중하게 생각하고, 용기 있게 행동하라. 베이컨은 말한다. "생각할 때는 모든 위험을 고려해야 하지만 행동할 때는 극도로 치명적이지 않다면 어떤 위험도 생각하지 말아야 한다." 여기에 즉각적인 행동의 원리가 숨어 있다. 일단 마음을 먹으면, 즉시 행동에 나서라. 맥베스는 말한다. "지금

부터 머리에 떠오른 생각은 금세 이 손으로 행동에 옮길 것이다. 생각하고, 즉시 행동하라."

용기와 신중함은 잘 어울릴 것 같지 않은 조합이다. 그러나 결론을 내리기 전까지는 신중하게 모든 위험 요소를 고려하고, 판단이 틀렸을 경우를 대비해 대책을 마련해야 한다. 이 단계에서는 수익을 내는 것보다는 손실을 보지 않으려는 마음이 필요하며, 손실을 볼 가능성에 대해 최우선적으로 고려해야 한다. 그러나 일단 결론이 나면 행동은 용기 있고 과감해야 한다.

9 유연성 : 견해를 바꿀 수 있는 능력, 즉 상황을 재해석할 수 있는 힘을 말한다. 에머슨은 말한다. "관찰하고 또 관찰하는 사람은 당해내기 어렵다."

자신이 확신한 포지션을 변경하는 것이나 자신의 포지션에 대해 누군가에게 이야기했다면 이를 뒤집는 것은 상당한 고통이 수반된다. 그래서 혼마 무네히사는 말한다. "아무리 대하기 편한 사람이라도 매수, 매도를 추천하는 일은 좋지 않다. 판단이 틀리면 원한을 사게 된다. 참으로 시세 고저를 논하는 것은 좋지 않은 일이다. 이길 생각을 마음에 두는 사람은 자신의 판단을 내세우지 않고, 타인의 판단에 거래하지 않는다. 조금이라도 예상이 맞았을 때는 교만해져 판단을 내세우고 싶어지는 것이다. 이는 제일 삼가야 할 일이다. 물론 확실한 고저를 파악해 타인에게 설명할 때는 타인도 그 기분이 되어 조금은 이익을 얻을 수 있을지 모르나 이윤이 되지는 않는다. 사람들에 관여하지 말고 매매해야 한다. 세상을 따라, 각지의 작황에 따라, 풍작, 흉작, 펀더멘탈을 살피는 것은 바람직한 일이다. 마음속의 것을 결코 타인에게 말하지 말아야 한다. 이는 대비결이다. 항상 전적으로 삼가라."

투자자는 물처럼 유연해야 한다. 신중한 숙고 이후 자신의 판단이 틀렸다는 결론이 나오면 과감히 포지션을 바꾸거나 손절매해야 한다. 세계 최고의 트레이더들도 짧은 기간 안에 자신의 견해를 바꾸는 일이 비일비재하므로 자신이 주장한 포지션을 바꾸는 것은 결코 부끄러운 일이 아니다. 판단이 틀렸을 때 자신의 주장을 보호하려는 생각은 자신이나 남을 위해 결코 바람직한 일이 아니다. 투자자는 자신의 명예를 드높이기 위해 투자하는 것이 아니라 돈을 벌기 위해 투자하는 것이다. 상황에 변화를 줄 중요 요인이 발생했다면 과감히 기존의 관점을 버리고 재해석해야 한다.

10 자기 확신, 판단력, 용기, 신중함, 유연성은 거래자에게 필수적인 5대 덕목이다. 하지만 이 덕목들은 균형을 이루어야 한다. 하나의 특성이 부족하거나 과하면 전체적 균형이 무너지고 효과적인 특성의 발현이 어려워진다. 이러한 특성을 고루 갖추고 있는 사람은 드물며, 인생에서처럼 거래에서도 성공하는 사람은 그다지 많지 않으며 실패하는 사람이 많은 이유다.

자기 확신, 판단력, 용기, 신중함, 유연성은 성공을 위해 거래자에게 필수적인 요소다. 수많은 투자의 대가를 취재한 잭 슈웨거에 따르면 이러한 요소는 타고나는 경향이 높다고 한다. 따라서 이 자질을 훈련을 통해 습득하는 것은 결코 쉬운 일이 아니다. 그러나 부족함이 무엇인지를 아는 것은 이미 절반의 성공을 거둔 것이나 다름없다. 대부분의 투자자들은 이것마저도 모르고 있으므로 이를 알고 있는 당신은 이미 투자에 앞서가고 있는 것이다. 자기 확신, 판단력, 용기, 신중함, 유연성이 부족한 사람들은 투자를 업으로 삼기 전에 과연 이 길을 걸을 것인지 심각하게 고민해봐야 한다. 투자가 아니더라도 길은 많기 때문이다. 그러나 이미 투자의 길을 걷고 있는 사람들은 최대한 부족한 부분을 보강하기 위해 노력해야 하고, 직접 매매보다는 매매와 관련 있는 사업으로의 방향 전환을 고려해보는 것도 좋을 것이다.

11 인생의 각 측면에는 거기에 맞는 언어가 있다. 따라서 거래라는 주제를 다루는 데는 필연적으로 우리의 언어를 사용해야 한다. 여기에 제시하는 법칙은 어떤 형태의 거래에도 잘 들어맞는다. 이 법칙은 보편적인 법칙이기 때문이다.

사람들은 언어의 중요함을 인식하지 못하는 경향이 있다. 하지만 과학을 공부하는 사람이 제일 먼저 하는 일이 과학의 언어를 공부하는 것처럼 학문을 공부하기 위해서는 그 학문의 언어를 먼저 공부해야 한다. 주식투자 또한 마찬가지다. 투자의 세계에는 투자의 세계에 맞는 언어가 존재하며, 투자자는 투자를 하기 전에 먼저 투자의 언어를 공부해야 한다.

지금까지 투자의 기본에 대해서 살펴보았다. 이제 주식거래란 것이 무엇인지 대략의 감을 잡았을 것이므로 이제 거래에 시공을 초월해 반드시 지켜야 할 절대 법칙과 투자자의 환경에 따라 다르게 적용해야 할 상대 규칙에 대해 알아보자.

제4장

절대
법칙

1 절대 과도하게 거래하지 마라. 자본이 허용하는 한도 이상으로 포지션을 취하면, 재앙을 당할 것이다. 보유 포지션이 과도하면, 시장이 요동칠 때마다 불안을 느끼기 때문에 판단력이 흐려진다.

과유불급이라 했다. 삶에서 무엇이든 지나침은 모자람만 못하다. 이는 투자에서도 마찬가지다. 과도한 욕심으로 인해 무리하게 투자할 경우 투자자의 눈은 흐려지고 투자자의 귀는 멀어지며 투자자의 육감은 떨어지게 된다. 이는 곧 판단력의 약화를 의미한다. 올바른 판단을 할 수 없는 투자자는 돈을 벌기 힘들며, 오히려 위험에 빠질 가능성만 높을 뿐이다. 따라서 무슨 일이든 절대 과도하게 거래해서는 안 된다.

2 한 번에 모든 포지션을 바꾸지 마라. 예컨대 매수자의 경우, 어떤 일이 있어도 롱 포지션을 모두 처분하고 그만한 양만큼 숏 포지션을 취하는 실수를 범하지 말아야 한다. 이러한 일은 어쩌다가 운이 좋아 결과가 좋을 수 있지만 매우 위험하다. 이 상황에서 가격이 다시 상승하기 시작했다고 하자. 그러면 거래자는

마음을 바꾸어 숏 포지션을 취한 물량을 되사는 한편 다시 롱 포지션을 취하게 된다. 그런데 이 판단이 잘못됐을 경우, 거래자는 자신감을 완전히 잃고 패닉 상태에 빠지게 된다. 따라서 원래의 포지션을 바꾸려면, 조심스럽게 적정 수준을 지켜야 하며, 그렇게 함으로써 명확한 판단력을 유지하고, 마음의 균형을 유지할 수 있다.

성급한 마음과 과도한 욕심은 패망의 지름길이다. 한 번에 모든 포지션을 바꾸는 것은 마음이 급하고 욕심이 과하기 때문이다. 일단 자신의 판단이 틀렸다는 결론이 나면 거래를 멈추고 잠시 쉬라. 한 번 틀린 판단을 내릴 경우 확률적으로 또다시 틀린 판단을 내릴 가능성이 높기 때문이다. 그래서 성공하는 투자자들은 옳은 판단을 내리기 시작할 때(수익이 날 때) 베팅 금액을 늘려가고, 틀린 판단을 내리기 시작할 때(손실이 날 때) 거래 금액을 줄여나가는 방법으로 자금관리를 한다. 투자에서 자금관리와 자기관리만큼 중요한 것은 없다. 어쩌면 이는 좋은 주식을 발굴하고 좋은 포지션을 잡을 수 있는 능력보다 더 중요할지도 모른다.

3 재빨리 행동하라. 아니면 아예 아무것도 하지 마라. 위험이 다가온다는 사실을 깨달으면 즉시 행동하라. 하지만 다른 사람들이 위험을 감지하기 전에 행동에 나서지 못했다면, 포지션을 가지고 있거나 일부만을 처분한다.

일단 어떤 결론이 나면 신속하게 움직여야 한다. 중국 주나라 시절 매매를 통해 엄청난 돈을 벌었으며 중국 상업의 시초라고 불리는 백규는 "사들일 때의 기세는 맹수가 날아가는 새를 낚아채듯 맹렬하게 해야 한다"고 했다. 백규는 "각종 시장에 대한 정보와 소식에 정통해야 하고 그 정보에 대해서 빠르게 반응해야 한다고 했다. 일단 시장의 상황이 변화하게 되면 그 즉시 과감하게 결단을 내려 사들일 때는 사들이고 팔 때는 팔아야 한다. 그럼으로써 절대로 좋은 기회를 놓쳐서는 안 된다"고 하여 신속한 행동의 중요성을 강조했다.

또한 주의할 것은 판단이 시장의 움직임과 다른 투자자들에 너무 늦었다는 생각이 들면 그때는 성급히 포지션을 정리할 것이 아니라 좀 더 상황을 지켜보며 반등을 기다릴 필요가 있다. 모든 거래가 마찬가지이지만 특히 주식시장은 급락 이후에 반드시 반등이 나오고 급등 이후에 반드시 조정이 나오기 마련이다. 한 방향으로 큰 움직임이 발생할 경우, 그 방향과 반대방향으로 대략 30~60% 가량의 움직임이 나오기 마련이다. 판단이 너무 늦었다는 생각이 들면 성급하게 손절매하지 말고 이러한 조정의 기회를 통해 포지션을 정리하는 것이다.

백규白圭와 그의 상업경영이론

　백규는 기원전 370년에 태어나 기원전 300년에 세상을 떴다. 중국 전국시대의 사람으로 이름은 단丹이고 뤄양洛陽 출신이다. 그는 주로 농산물과 그 부산품, 특산품과 귀중품 등의 운송업으로 시작해서 행상과 대규모 물류사업을 운영했다. 『한서漢書』에서 천하 사람들은 그를 '치생治生의 원조'라 칭했다. 즉 무역의 경영과 생산의 효과적인 발전에 대한 이론을 확립한 비조鼻祖라고 일컬은 것이다. 백규는 '치생의 방법'의 기본적인 원칙은 시세의 변화를 예측해야 한다고 주장했다. 즉 매 해마다 풍년과 흉년을 예측해 '사람들이 버리면 취하고, 사람들이 취하면 제공한다'는 원칙을 고수했다. 사고파는 일에 능했으며 '공상工商의 일에 힘써 매 거래시 5%의 이익을 추구한' 주나라의 상인 중 전형적인 인물로 손꼽힌다.

1. 나는 사람들이 버리면 취하고 사람들이 취하면 그들에게 준다.

　버린다는 것은 용도가 없어졌다는 뜻으로 어떤 일정한 시기의 소비자는 그 재화의 가치를 알아볼 수 없거나 혹은 이미 그 상품의 가치를 낮게 평가했다는 것을 의미한다. 그래서 일반 상인들은 그와 같은 상황에서는 대량으로 재화를 사들이기를 포기해서 크게 손해 보는 것을 미연에 방지한다.

2. 사들일 때의 기세는 맹수가 날아가는 새를 낚아채듯 맹렬하게 해야 한다.

백규는 이재와 부국이라는 목표에 도달하기 위해서는 각종 시장에 대한 정보와 소식에 정통해야 하고 그 정보에 대해서 빠르게 반응해야 한다고 했다. 일단 시장의 상황이 변화하게 되면 그 즉시 과감하게 결단을 내려 사들일 때는 사들이고 팔 때는 팔아야 한다. 그럼으로써 좋은 기회를 놓쳐서는 안 된다.

3. 智勇仁强(지용인강)

백규는 상인들은 풍부한 지식과 더불어 智勇仁强을 겸비해야 한다고 했다. 지智는 시세의 변화에 통하는 것이고, 용勇은 결단력이고, 인仁은 사람들이 버릴 때는 취하고 취할 때는 주는 것을 의미하며, 강强은 기회를 잡으면 놓치지 않는 것을 말한다. 智勇仁强을 구사하기 위해서는 이윤(伊尹 : 탕왕을 도와 하나라를 멸망시키고 은나라를 세운 인물), 여상(呂尙 : 일명 강태공으로, 주나라 무왕을 도와 은나라를 멸망시키고 주나라를 세운 인물)의 지략, 손무(孫武 : 원래는 제나라 사람이었으나 BC 6세기

경 오나라의 왕 합려를 도와 초·제·진나라를 굴복시킨 인물)의 용병술, 상앙(진나라의 변법을 확립해 진시황의 천하통일에 초석을 세운 인물)의 법 적용 정신이 필요하다. 빈틈 없이 철저한 계획으로 도래한 기회를 놓치지 않고 결단력을 발휘해 성사시킨다.

4. 큰돈을 벌기 위해서는 가격이 낮은 곡식을 취급해야 하고 보석과 같은 고가품으로 돈을 벌기 위해서는 품질이 좋은 물건을 취급해야 한다. 만일 자신이 소비를 위해 돈을 아껴서 곡물을 사들일 때는 품질은 사소한 문제이겠지만, 다음해 농사에서 풍작을 위해 종자를 사들인다면 상등급의 품질을 사들여야 한다.

이와 같은 백규의 생각은 상인은 항상 고객의 입장에서 판단해야 한다는 것이다. 시장 추세에 맞는 합리적인 계획과 절약과 검소한 자세, 보다 많은 생산성을 갖춰야 한다는 백규의 기업경영사상과 고객 위주의 경영관은 지금까지도 유효한 전략이다.

4 의심스러울 때는 포지션의 양을 줄여야 한다. 보유하고 있는 포지션이 커서 불안할 때 그렇게 해야 한다. 보유한 포지션으로 잠을 이룰 수 없다면 잠들 수 있을 정도까지 포지션을 줄여라.

확신이 들고도 돈을 잃는 곳이 바로 주식시장이다. 그러니 의심스러울 때는 말할 나위가 없다. 의심스러울 때는 불안하지 않을 정도까지 포지션을 줄여야 한다. 1980년대 이후 지금까지 매년 50% 가량의 수익을 내는 추세추종형 매매의 대표격 인물인 에드 세이코타 Ed Seykota는 다음과 같이 말했다. "밤에 편하게 잘 수 있을 정도만 투자하고 잘못되어도 배우자에게 욕먹지 않을 만큼만 투자하라."

에드 세이코타의 투자 명언

에드 세이코타는 MIT 출신의 시스템 트레이더이다. 그는 전설적인 수익률과 더불어 수많은 투자 명언을 남긴 것으로도 유명한데, 그의 명언 몇 가지를 살펴보자.

1. 나는 존재하지 않는 미래를 예측하지 않는다.
2. 추세를 따라간다는 것은 바로 지금, 현재를 관찰하고 반응하는 것이다.
3. 점쟁이들은 미래에 산다. 돈을 잃는 투자자들도 그러하고 기본적 분석가들도 그러하다.
4. 모든 사람은 승리하든 패배하든 시장에서 자신이 원하는 것을 얻는다. 패배하는 것을 좋아하는 사람은 돈을 잃음으로써 승리한다.
5. 감당할 수 있을 만큼만 위험을 부담하고, 의미 있을 만큼만 위험에 베팅하라.
6. 기초 자료를 완전히 습득하고 성공한 트레이더와 함께 일정한 시간을 보내기 전까지는 슈퍼마켓에서만 매매해라.
7. 벌 때는 상당한 규모의 이익을 낼 수 있을 만큼 커야 하고, 잃을 때는 경제적으로나 심리적으로 타격받지

않을 만큼 작아야 한다.
8. 상식적으로 생각하라. 비법은 없다.
9. 무리하지 마라. 한 번에 팔자 고치려 하지 마라.
10. 빌려서 투자하지 마라. 돈이 없다면 투자하지 마라.
11. 투자 규모를 스스로 결정하기 어렵다면 투자 능력이 떨어진다는 결정적 증거이므로, 큰 이익을 낼 생각을 버리고 배운다는 입장에서 하라.
12. 많이 벌 수 있었던 돈을 적게 벌었다면 다음 기회가 주어지지만, 덜 잃어도 됐던 돈을 크게 잃으면 다음 기회는 점점 더 멀어질 뿐이다.

제5장

상대
규칙

1 상대 규칙은 천(天, 시간), 지(地, 상황), 인(人, 사람)에 따라 달리 적용되어야 한다. 따라서 이 세 가지 요소에 대한 깊은 통찰이 필요하며, 『삶에 관한 단상들』(인생·사업·사람·사회·언어에 관한 단상)에서 이 부분에 대해 통찰력을 얻을 수 있을 것이다.

앞서 말한 절대 법칙은 시간이나 상황, 사람에 따라 달리 적용되는 것이 아니라 언제, 어디서, 누구에게나 적용되는 투자원칙이다. 반면 상대 규칙은 시대나 상황, 그리고 각각의 투자자에 따라 달리 적용되어야 하는 투자 규칙이다. 투자자는 자신의 특성을 분명히 알고 있어야 한다. 가장 중요한 것은 과연 자신이 투자에 적합한 사람인지, 그렇지 않은 사람인지를 알아야 한다. 그 후 자신의 성격에 가장 잘 맞는 투자 방식을 구사해야 한다. 성격이 급한 사람이 가치투자를 하기는 다소 어려우며, 시장과 반대로 가는 것이 힘든 성격은 시장이 과열됐을 때나 급락할 때 추격매수나 손절매하지 않도록 주의해야 한다. 또한 주식시장은 3~5년의 짧은 주기(키친 사이클), 10년의 중간 주기(쥐글라 사이클), 50년의 대주기(콘트라티에프 사이클), 78년의 거대주기(해동선 사이클)에 따라 등락을 거듭하고 그때마다 주도주의 성격이 달라지는 경향이 높으므로 그 시대와 상황에 따라 유연하게 투자대상을 선정하고 유연한 자세로 거래해야 한다.

2 하향 에버리징averaging down보다는 상향 에버리징averaging up이 낫다. 이런 생각은 우리가 흔히 알고 행동하는 것과는 반대된다. 가격 하락 시에 더 많은 포지션을 매수하는 것이 통상적인 에버리징 방법이다. 그러면 포지션의 평균 구입 단가가 낮아진다. 다섯 번 중 네 번은 이런 방법이 좋은 결과를 가져온다. 결국 가격은 반등하고, 그리하여 손실을 막을 수 있다. 하지만 다섯 번 중 한 번은 가격이 끝도 없이 하락해 포지션을 처분할 무렵에는 막대한 손실을 입는다. 그러면 거래자는 완전히 좌절에 빠지고, 종종 파산하기에 이른다.

일명 물타기와 피라미딩 투자에 대한 설명이다. 보통 투자자는 하락하는 주식에 대해 물타기를 할 가능성이 높고, 상승하는 주식은 너무 빨리 매도하는 경향이 있으며, 이는 인간의 기본적 본성에 기인한다. 그러나 큰 수익을 내는 투자자들은 이와 반대로 하는 경향이 있다. 다시 말해 손실이 날 때는 과감히 손절매하고, 상승하는 주식은 기존 상승 폭이 크지 않은 한 눌림목 타이밍을 기다리며 추가 매수하는 전략을 구사하기도 한다. 피라미딩 투자로 큰 수익을 올린 대표적 인물이 제시 리버모어이다.

3 하지만 우선 적정량의 포지션을 매입하고, 가격이 올라감에 따라 천천히 조심스럽게 포지션을 늘려가는 방법은 정말로 커다란 주의가 요구되는 매매 방법이다. 가격은 대개(다섯 번 중 네 번) 조정을 통해 '평균값point of average'이 된다. 여기에 위험이 존재한다. 평균값에서 포지션을 처분하지 못하면 막대한 손실을 입을 수 있다. 때때로 가격이 끝없이 오르는 상승장을 만나면 커다란 수익을 올릴 수 있다. 이런 거래 방법은 리스크가 작다. 위험은 어느 때고 결코 크지 않으며, 성공하면 수익이 크다. 하지만 이런 방법은 중요한 상승장 또는 하락장이 예상될 때 써야 한다. 상대적인 안전을 기하자면 투자 자금을 적정한 수준으로 유지해야 할 것이다.

이와 관련해 바람의 숲이라는 필명을 가진 한 투자자의 얘기를 들어보자. 언제 주식을 매수하고 매도하는가에 대한 질문에 그는 다음과 같이 말했다.

"매수시점은 주로 9시 뉴스에서 알려줍니다. 9시 뉴스에서 주식시장이 폭락했다고 하면 매수 시점이 다가오는 것이고, 주식시장이 연일 급등하고 있다고 하면 매도 시점이 다가오는 것입니다. 저는 2007년 종합주가지수가 100단위 숫자를 바꾸며 상승할 때마다 보유한 포트폴리오에서 탄력이 떨어지는 기업을 매도하곤 했습니다. 이렇게 포트폴리오를 관리하면, 적어도 손해 보는 일이 없습니다.

A, B, C, D라는 4개의 기업을 보유하고 있는데 매수시점이 1400선이라고 합시다. A는 70% 수익이 났고, B는 30% 수익이 났고, C는 5% 손실이 났고, D는 20% 손실이 났을 경우, 종합주가지수가 1600선이 돌파됐다는 9시 뉴스가 발표될 쯤 포트에서 손실이 난 기업인 C, D를 1600선 돌파 기념으로 매도합니다.

이런 뉴스가 나오고 몇 주 지나면 다시 1500선이나 1400선 언저리까지 하락했다가 다시 상승하곤 하는데, 이때의 하락에서 A, B는 큰 수익이 난 상태이기 때문에 주가가 조정을 받더라도 여전히 보유할 수 있었고, 보유에 따른 스트레스가 별로 없습니다. 그러나 종합주가지수가 1600선이 돌파되어도 수익이 나지 않았던 C, D 같은 종목은 지수가 조정을 받게 되면 더 크게 하락하는 경우가 많습니다. 그리고 C, D를 1600선에 매도한 자금은 1400~1500선까지 내려

왔을 때, 다른 종목 E, F를 살 수 있는 총알로 사용됩니다.

다른 종목인 E, F를 신규 매수하고 주식시장이 다시 1700선을 돌파하고, 1800선을 돌파해 A는 100% 이상 수익이 나고, B는 60% 이상 수익이 나고, E는 10% 수익이 나고, F는 20% 손실이라면 이제 다시 100단위 변경 기념으로 손실이 난 F를 매도합니다. 그리고 다시 지수가 조정을 받으면 F를 매도한 자금으로 또 다른 주식을 매수합니다.

이처럼 포트폴리오 관리를 2~3년 정도 지속하다 보면, 계좌에서 살아남은 종목들은 보통 100% 이상 큰 폭의 수익이 난 종목들만 남게 되어 심리적으로 매우 안정적인 투자를 할 수 있습니다(이 투자기법은 Stop the Loss, Run the Profit의 투자방법이다).

반대로 시장이 작년 2007년 하반기 이후처럼 몇 개월간 지속적으로 하락할 경우, 위와 같이 포트폴리오 관리를 하다 보면, 보유 종목 수가 지속적으로 줄어들고 현금이 계속적으로 쌓이는 구조로 바뀌게 되어, 언제 다시 찾아올지 모르는 상승장에서 다시 저렴한 가격에 주식을 모을 수 있습니다."

'바람의 숲'의 투자 좌우명

知行合一 : 투자 방법을 몰라서 주식투자에 실패하는 것이 아니라 알고 있는 바를 실천할 수 없기 때문에 많은 투자자들이 실패합니다. 증권투자론에 나온 내용 그대로 투자를 한다면 실패할 확률이 매우 적지만, 문제는 실전 투자에서는 심리라는 것이 많은 영향을 미치기 때문에 알고 있는 바를 그대로 실천하기가 매우 어렵습니다. 이 부분은 달리 뾰족한 묘책이 없습니다. 꾸준히 공부하고, 공부한 바를 투자에 적용시켜 훈련하고 단련시킬 수밖에 없다는 생각입니다.

주식의 평균 투자기간

한 젊은이가 부모님의 원수를 갚기 위해 검술을 배우고자 했다. 그 젊은이는 오랜 방황 끝에 마침내 검술의 달인을 찾게 됐다. 검술의 달인을 찾은 젊은이는 검술 배우기를 청했다.

"선생님, 저는 부모님의 원수를 갚기 위해 꼭 검술을 배우고 싶습니다. 제가 힘써 배운다면 언제쯤 선생님과 같은 수준의 실력이 될까요?"

검술의 달인은 젊은이를 물끄러미 바라보더니 천천히 이야기했다.

"한 10년은 걸리겠다."

그러자 젊은이는 얘기했다.

"저는 시간이 없습니다. 빨리 부모님의 원수를 갚고 싶습니다. 정말 열심히 배우겠습니다. 그렇게 열심히 배운다면 얼마나 걸리겠습니까?"

그러자 검술의 달인은 태연히 다시 말했다.

"음…… 한 30년은 걸리겠군."

그러자 조급해진 젊은이는 다시 얘기했다.

"조금 전에는 10년이라 하시고, 지금은 30년이라 하시니. 어떤 고생이라도 좋으니 빠른 시일 내에 검술을 배우고 싶습니다."

그렇게 사정하자, 검술의 달인은 다시 말했다.

"그렇다면 나를 따라 70년은 배워야겠구나."

주식투자도 그렇다. 빨리 큰 수익을 내고자 하는 마음이 강하면 강할수록 큰 수익을 현실적으로 실현하는 데 더 많은 시간이 걸린다. 100% 이상 상승하는 비율을 굳이 말하자면 대략 20% 정도이고 평균 투자기간은 1~2년 정도이다.

주식시장의 변동성과 외국인, 기관들의 매수 매도에 대해

미스터 마켓 자체가 변덕스러우며, 따라서 시장의 큰손인 기관, 외국인은 본질적으로 변덕스러울 수밖에 없다. 외국인과 기관 투자자들을 변덕스러운 시부모라고 생각해보자. 똑같은 일에도 시부모들은 언제는 기분 좋아하고 언제는 기분 나빠할 때가 있다. 이렇게 변덕스러운 시부모의 기분에 맞추다가는 며느리는 미쳐버리고 말 것이다. 투자자도 변덕스러운 외국인과 기관 투자자들에 휘둘리지 않았으면 하는 바람이다.

투자로 힘들 때 힘이 되는 사람

아내와 두 딸이 가장 큰 위로가 됩니다. 제 아내는 아주 탁월한 가치투자자입니다. 시장이 외면하는 초저평가 남자를 남편으로 받아들였으니 말입니다.

결혼 당시 제 자산가치는 −500만 원이었습니다. BPS가 마이너스라는 것이죠. 수익가치도 형편없었습니다. 쥐꼬리만 한 월급밖에 받지 못했으니 말입니다. 배당가치도 형편없었습니다. 월급이 곧 배당이 되어야 하는데, 그리고 월급에서 이익을 유보해 집을 장만해야 하는데 남편에게는 가난한 시아버지와 장사에 실패한 시어머니의 부채까지 있었으니 말입니다. 이런 형편없는 밸류에이션에 우발채무도(시할머니의 병수발) 있었고, 관계 회사(시동생의 대학원 학비 보조 지급)에 대한 출자도 있어야 했습니다.

언젠가 한번 아내와 두 딸이 함께 누워 있는 모습을 보며 갑자기 눈시울이 뜨거워진 적이 있었습니다. 성장주 투자자는 위대한 기업을 너무 높은 가격에 매수할 위험이 있고 가치주 투자자는 쓰레기 같은 기업을 매수할 우려가 있다고 합니다. 아내가 쓰레기 같은 남편, 가격 경쟁에 의존하는 남편이 아니라, 지속적 경쟁우위의 톨브릿지형과 같은 남편을 선택했음을 저의 성공으로 증명하고 싶습니다.

장님과 초롱불

장님이 친구 집에 방문했습니다. 세상에 이만 한 친구는 없었습니다. 이 친구는 세상 돌아가는 이치에 밝았고, 경제에는 탁월한 감각이 있는 친구였습니다. 장님은 세상 돌아가는 것은 물론이요, 경제가 돌아가는 것도 안 보였습니다. 물론 장님이니 세상이 어떻게 생겼는지도 안 보이지요. 장님은 친구와 밤늦도록 유익한 이야기를 나누다 집으로 돌아가야 했습니다. 그런데 밤이 너무 깊어 밖이 어두웠습니다. 친구는 장님에게 초롱을 하나 주면서 가지고 가라고 했습니다. 장님은 친구에게 "난 처음부터 눈이 보이지 않으니 초롱불이 있으나 없으나 앞이 안 보이는 것은 마찬가지니 이런 것은 필요 없네" 하고 고사했습니다. 그러나 친구는 "자네는 앞이 안 보이니 초롱불이 필요 없겠지만 다른 사람들이 자네의 초롱을 보고 길을 비켜갈 것이네. 그럼 자네는 다른 사람과 부딪치는 일이 없을 것이야!"

장님은 친구의 얘기를 듣고 맞는 말이라 생각했습니다. 그래서 친구가 준 초롱불을 들고 집으로 돌아가자 역시 다른 사람들과 부딪치는 일이 없었습니다. 정말 고마운 친구라고 생각하며 더 걸어갔습니다. 그런데 거의 집에 다 왔을 때쯤 어떤 사람과 그만 부딪친 것이 아닙니까? 장님은 호통을 쳤습니다.

"어디를 보고 다니시오! 이 초롱불 안 보이시오!"

그러자 부딪친 사람이 말했습니다.

"불 꺼진 초롱을 어떻게 본단 말이요!"

장님이 집으로 돌아가는 중 처음에는 초롱불이 켜져 있었으나 나중에 그만 꺼져버렸고 그 이후 다른 사람과 부딪친 것입니다.

한 친구와 저는 많은 대화를 했습니다. 제가 보기에 그

친구는 세상 이치에 밝은 것 같았습니다. 특히 주식부문에서는 매우 뛰어난 것 같았습니다. 자기는 아무리 봐도 태평양이나 신세계처럼 3~5년 사이에 5배 이상 오르는 종목이 안 보이는데, 혹시 그런 종목이 없나 해서 물어봤습니다. 내친 김에 얼마 전 BT 테마주처럼 한 달에 3배 정도 올라가는 종목이 없나 해서 물어봤습니다.

저는 '초롱불'이라는 종목을 하나 소개시켜 줬습니다. 친구는 그 회사의 펀더멘탈이 어떤지 몰랐습니다. 그런 부분에는 참 어두웠으니 저의 구차한 이야기는 귀에 들리지 않고 오직 좋은 종목이라는 그 한마디만 들렸습니다. 그리고 과감하게 매수했습니다. 매수하자마자 쭉쭉 잘 올라가는 것 같았습니다. 그런데 얼마 뒤 갑자기 미국에서 대규모 테러가 일어났고 유가가 100달러를 돌파하면서 중국이 모라토리움 선언을 하더니 삼성그룹 총수가 구속이 되고 현대차가 부도가 나면서 '초롱불' 주가가 폭락하는 것이었습니다.

친구는 큰소리로 항의했습니다.

"어디 이딴 똥주를 추천했단 말이오. 이 초롱불 주가를 보시오."

저는 이야기합니다. 수급과 심리는 바람입니다. 펀더멘탈은 숲입니다.

바람이 부니, 숲이 소리를 냅니다.
바람이 부니, 숲이 움직입니다.
바람이 어디서 부는지 부는 원인이 무엇인지 연구하는 사람들이 있습니다.
이들을 기상 전문가라고 합니다.

주가의 변동성이 높습니다.
이 변동성이 높은 이유가 무엇인지 연구하는 사람들이 있습니다.
이들을 주식 전문가라고 합니다.
혹은 애널리스트, 시황 전문가, 펀드 매니저라고도 합니다.

주가를 결정하는 요인은 무엇인가요?
수급일까요?
심리일까요?
펀더멘탈일까요?

다시 말하지만 수급과 심리는 바람입니다.

머무르지 않고 항상 움직이며 주가 변동성을 크게 합니다.

다시 말하지만 펀더멘탈은 숲입니다.

한곳에 머무르며 서서히 성장합니다.

그러나 결코 혼자서는 소리도 내지 못하고 움직이지도 못합니다.

바람이 불어서 소리를 내고 움직입니다.

바람이 숲을 스치면 소리를 남기지 않고

기러기가 연못에 내렸다 가면 그림자를 남기지 않는 법입니다.

수급이 그치면 주가는 떨어지기 마련이고

펀더멘탈이 아무리 좋아도 수급이 없으면 꿈적도 하지 않는 법입니다.

추천종목……

머무르지 않고 움직이는 바람을 잡아 달라고 하니 잡아 줄 도리가 없습니다.

머무르기는 하나 꿈적도 하지 않는 숲을 달라고 하니,

오랜 기간을 인고할 수 있을지 걱정입니다.

안타깝습니다.
저 시원한 바람을 줄 수 없으니.
안타깝습니다.
저 푸르른 숲을 줄 수 없으니.

바람의 숲.

4 하향 에버리징 전략은 두터운 지갑과 강한 배짱이 필요하다. 대개 사람들은 파산하면 돈과 배짱을 모두 잃는다. 배짱이 세면 시장을 너무 낙관하는 경향이 있다. 하지만 적게 사서 오래 보유하는 성공적인 거래자들도 있다. 그들은 상대적으로 적은 양만을 취급한다. 그들은 장기간 보유할 생각으로 신중하게 시장에 뛰어들기 때문에, 가격 변동에 동요하지 않는다. 그들은 판단력이 뛰어난 사람들로 침체기에 사서 경기가 되살아나기를 기다린다. 그들은 거래자라기보다는 투자자라 할 수 있다.

여기서 말하는 투자자는 가치투자자를 말한다. 현존하는 최고의 가치투자자는 누가 뭐래도 세계 1위의 부자, 워렌 버핏을 들 수 있을 것이다. 워렌 버핏의 투자방법은 생각보다 간단한데, 좋은 주식을 싸게 사서 비싼 가격에 매도하는 것이다. 좋은 주식이란 무엇을 말하는가? 워렌 버핏의 관점에서 좋은 주식이란 주주이익이 크고(주주이익이 크다는 것은 순이익에서 재투자 비용이 적기 때문에 주주에게 돌아가는 이익의 몫이 큰 주식을 말한다), 물가상승률을 초과해 성장하며(회사가 생산하는 제품이나 서비스의 가격 탄력성이 낮아 물가가 상승할 때도 쉽게 가격을 올릴 수 있는 기업이어야 하며, 이를 위해서는 시장 장악력이 뛰어나고, 고객 충성도가 높아야 한다), 미래 현금 창출 흐름이 안정적이라 예측이 쉬운 기업을 말한다. 이런 기업은 종합주가가 상승하든 하락하든 장기적으로 물가상승률과 경제성장률 이상의 주가 상승을 보일 수밖에 없다. 가치투자는 바로 이런 기업에 투자하는 것이다. 이런 기업에 투자하고 손해를 보는 일이 발생한다면 오로지 추가 매수하여 기다리면 된다. 이 얼마나 편안하고 행복한 투자인가? 실제 워렌 버핏은 이런 방법으로 돈을 벌고 있으며, 한국의 많은 가치투자자들도 이 방법을 통해 끊임없이 돈을 벌고 있다. 일반인 투자자로서 가치투자의 방법을 통해 3년 만에 1억 원의 자금을 20억 원으로 만든 남산주성의 얘기와 가치투자를 통해 큰돈을 벌고 현재 1조 2000억 원의 일임자산을 운영하는 강방천姜芳千 에셋플러스 투자자문 회장의 얘기를 들어 보자.

1. 남산주성의 투자조언

해동선 : 먼저 개인투자자들에게 한 말씀해주시죠.

남산주성 : 직장인들이 한 달 300만 원 가량의 봉급을 받기 위해서는 하루 8시간, 일주일 40시간, 한달 160시간 이상을 일해야 합니다. 160시간이 투자되고 나서야 300만 원의 돈을 벌 수 있다는 얘기입니다. 그런데 수천만 원을 가지고 주식투자를 한다면 순간의 선택에 수백만 원의 돈을 벌기도 하고 잃기도 합니다. 주식투자를 잘하는 사람들은 대개 돈을 벌겠지만, 그렇지 못한 분들은 대부분 돈을 잃을 것입니다.

300만 원의 돈을 월급으로 받기 위해서 160시간이 투입되어야 한다는 것을 기억한다면, 한 종목을 매수하고 매도할 때, 우리는 그 이상의 시간을 투자하여 종목을 세밀하게 조사하고 분석해야 합니다. 그렇지 않으면 거의 대부분 돈을 잃게 되기 때문입니다.

저는 이 말을 꼭 하고 싶습니다. 어떤 종목을 매수할 때, 160시간 이상을 투입할 각오를 하고 정말 그 종목에 대해서 열심히 공부해야 합니다. 누가 좋다고 해서 산다든지, 어떤 전문가가 추천했다고 아무런 분석 없이 그 종목을 사는 것은 가끔은 수익을 줄 수도 있지만 결국엔 스스로의 계좌를 깡통으로 만들어가는 과정일 뿐입니다.

저는 또 이런 생각을 합니다. 전문 주식투자자는 의사, 변호사와 같은 전문직 종사자와 비슷한 방식으로 돈을 벌고 있습니다. 의사는 오랜 시간 동안 사람의 신체와 질병에 대해 공부하여 방대한 지식을 축적한 후, 병원을 개업하고 그동안 자신이 축적한 지식을 바탕으로 환자 한 명 한 명을 치료하며 수익을 내게 됩니다.

전문 주식투자자가 돈을 버는 방법도 이와 비슷합니다. 저는 몇 년 동안 많은 기업에 대해 조사하고 분석해 왔으며, 따라서 많은 기업에 대한 지식을 축적하고 있습니다. 처음 종목을 분석할 때는 시간도 많이 걸리고 정말 힘들었지만 오랫동안 많은 기업들을 분석하다 보니, 지금은 웬만한 기업이라면 10분 정도면 대략적인 분석을 끝낼 수 있게 됐습니다. 사실 저는 거시 경제나 수급, 뭐 이런 것들은 잘 모릅니다. 그러나 제가 분석하고 투자했던 기업에 대해서는 그

누구보다 잘 알고 있다고 자신합니다.

기업실적이 좋아지면 주가가 상승하고 실적이 줄어들면 주가가 하락합니다. 특히 몇 년 이상 꾸준히 기업실적이 큰 폭으로 증가한다면 그 종목은 10배 이상의 주가 상승을 보이곤 합니다. 따라서 저는 이 기업의 실적이 향후 증가할 것인지, 증가한다면 얼마나 오랫동안 얼마나 큰 폭으로 좋아질 것인지에 집중합니다.

종목에 대한 공부는 축적됩니다. 자세히 분석하고 많은 분석을 할수록 더 좋은 정보가 축적되는 것입니다. 의사나 변호사가 많은 지식을 축적하고 있으면 더 잘 치료하고 더 좋은 변론을 통해 많은 돈을 버는 것처럼, 주식투자자 역시 종목에 대해 많은 지식을 축적하고 있다면 더 많은 돈을 더 잘 벌게 될 것이라고 확신합니다.

어떤 사람들은 주식투자는 10년 넘게 오랫동안 했지만 쌓이지 않는 공부를 해 10년이 넘었어도 초보자와 같은 경우가 자주 있는 것 같습니다. 수십 년 동안 경제지식을 축적한 경제학 교수들이 과연 주식투자로 많은 돈을 벌던가요?

주식 시황은 매일매일 달라지고 또 매년, 매순간이 다릅니다. 그렇다면 시황분석에 아무리 많은 시간을 투입한다고 해서 그 지식이 축적될 수 있을까요? 매순간 달라지는 시황이라면 지식의 축적은 불가능하다고 할 수 있습니다. 따라서 주식투자로 의사나 변호사와 같은 전문가가 되기 위해서는 종목에 대한 지식을 축적해야 하며, 실제로 제 주위에서 주식투자로 돈을 번 사람들은 대부분 종목, 그 자체에 집중하는 사람들입니다.

요즘 강남에는 몇 사람이 모여 사무실을 내고 자신들의 돈이나 주위 사람들의 돈을 모아 투자하는 소위 부티크라는 투자회사들이 많다고 합니다. 그런데 이 사람들이 투자하는 방식을 보면, 유망한 기업을 조사하고 탐방하고 분석해 투자하는 것이 아니라, 인터넷 동호회나 메신저를 통해 증권사 직원들이나 소위 전문가라고 하는 사람들로부터 정보를 받아서 투자를 하는 것 같습니다.

물론 이러한 방법을 통해서 가끔은 돈을 벌 수도 있겠지만, 스스로 연구하고 분석해서 기업에 투자하지 않는다면 결국 이 사람들이 운영하는 돈은 허공 속으로 사라지게 될 것입니다. 앞에서도 말했지만 주식투자로 돈을 벌기 위해서는 스스로 많은 시간을 투자하여 분석하고 지식을 축적해야 합니다. 그렇지 않다면 결국 그는 주식투자로 인해 비참한 인생을 살게 될 것입니다.

해동선 : **좋아하는 투자자는 누구입니까?**

남산주성 : 피터 린치를 좋아합니다. 피터 린치는 다양한 형태의 투자를 했으며, 열심히 발로 뛰며 기업에 대한 정보를 수집, 분석해 월스트리트 역사에 한 획을 긋는 투자자가 됐습니다. 피터 린치가 그랬던 것처럼 저 역시 부지런히 기업을 방문하고, 전화하고, 주위의 다양한 사람을 통해 그 기업에 대한 정보를 수집한 후 주식을 매수합니다. 매수한 이후에도 기업과의 꾸준한 접촉을 통해 수익의 추이를 확인합니다.

해동선 : **투자 좌우명이 있습니까?**

남산주성 : 투자의 기본은 상식에서 출발합니다. 허황된 정보, 허황된 기대로부터 나오는 결과는 투자자를 비참하게 만들 뿐입니다. 업황이 좋아지고, 기업의 순익이 증가한다면 주가는 오를 수밖에 없습니다. 이 단순한 상식이 바로 주식투자에서 돈을 벌 수 있는 비밀이라 할 수 있습니다.

해동선 : **선호하는 종목의 업종이나 특성이 있습니까?**

남산주성 : 턴어라운드 종목을 좋아합니다. 턴어라운드 종목은 기업 실적이 안 좋아 주가가 싼 반면 기업 실적이 좋아지면 큰 수익을 내주는 경우가 많기 때문입니다. 또한 내재가

치 대비 저평가된 종목도 좋아합니다. 내재가치에 비해 싼 종목은 시간은 걸릴 수 있겠지만 결국 그 가치만큼 주가가 상승할 것이기 때문입니다.

해동선 : 그 종목을 선택한 이유는 무엇입니까?

남산주성 : 기업들의 분기 실적을 통해 투자지표를 체크하거나 신문기사를 통해, 때로는 지인들의 소개나 투자 커뮤니티에 다른 사람들이 올려놓은 분석글을 보다가 종목을 발견하기도 합니다. 일단 어떤 종목이 눈에 띄면 사실 관계 등을 확인하고 투자 메리트가 보이면 회사를 방문한다든지, 전화통화를 해 기업에 대해 분석을 하게 됩니다.

해동선 : 중점을 두는 지표가 있습니까?

남산주성 : 저PBR, 저PER의 저평가된 종목을 좋아합니다. 또한 턴어라운드 기업의 경우 현재는 고PER이지만 나중에 실적이 좋아지면 저PER이 될 것이기에 이러한 종목들을 좋아합니다.

해동선 : 매수 타이밍은 언제가 좋습니까?

남산주성 : 기초분석을 한 후 좋다 싶으면 소량을 매수합니다.

소량 매수 후 정밀하게 추가 분석한 이후 투자 메리트가 확실하다 싶으면 여러 번의 분할 매수를 통해 종목을 매수합니다.

해동선 : 한 종목을 매수할 때 평균 몇 번에 걸쳐 매수합니까?(분할 매수 방법)

남산주성 : 종목의 하루 거래량에 따라 많이 다릅니다. 제가 좋아하는 종목들의 경우 거래량이 작은 종목들이 많아 수십 번에 걸쳐 매수하는 경우도 있습니다.

해동선 : 보유 종목을 언제 매도합니까?

남산주성 : 매수할 때 생각했던 목표 주가 부근에서 매도를 하거나 더 좋은 종목을 발견했을 때 교체 매매를 위해 아직 목표가에 도달하지 못했지만 매도하기도 합니다. 또한 처음 매수할 때의 아이디어가 잘못됐다는 결론이 나면 손실을 보고 있더라도 매도하기도 합니다.

해동선 : 한 종목을 매도할 때 평균 몇 번에 걸쳐 매도합니까?(분할 매도 방법)

남산주성 : 최소 10번 이상으로 나누어 분할 매도합니다.

해동선 : 투자종목 중 100% 이상 상승하는 비율과 평균 투자기간에 대해 말씀해주시죠.

남산주성 : 매수한 종목 중 대략 20% 정도가 100% 이상 상승하며, 평균 투자기간은 1년 정도라 할 수 있을 것 같습니다.

해동선 : 포트폴리오를 구성하는 종목은 대략 몇 개 정도입니까?

남산주성 : 제 포트는 대략 20여 개 종목으로 구성되어 있습니다. 이 중 4개 종목의 비중이 높고, 나머지 16여 개 종목은 모니터링과 분석을 위해 보유하고 있습니다.

해동선 : 한 종목당 투자비율은 어느 정도입니까?

남산주성 : 정해진 것은 없고 경우에 따라 다릅니다. 굉장히 좋은 종목을 발견하면 한 종목에 30%선까지는 투자합니다.

해동선 : 매수한 기업과의 접촉 빈도(기업탐방, 전화통화 등)는 어느 정도입니까?

남산주성 : 포트 중 비중이 큰 종목들은 최소 10번 이상 해당 기업과 접촉합니다.

해동선 : 기술적 분석을 활용하는 편입니까? 한다면 어떤 지표를

이용합니까?

남산주성 : 기술적 분석은 거의 활용하지 않습니다. 다만 주식시장 전체의 주가흐름을 보기 위해 차트는 자주 봅니다.

해동선 : 거시경제지표를 고려하는 편입니까?

남산주성 : 고려합니다. 특히 환율, 원자재, 해외시장 동향 등은 아주 자세히 체크합니다.

해동선 : 장 수급 상황을 고려하는 편입니까?(주식형 펀드 동향, 고객예탁금)

남산주성 : 거의 고려하지 않습니다.

해동선 : 해당 종목의 매매 주체(외국인, 기관 매수)를 고려하는 편입니까?

남산주성 : 가끔 체크하지만 크게 중요시하지는 않습니다.

해동선 : 몇 번의 투자 실패 후 성공의 길에 들어섰습니까?

남산주성 : 투자 초기에 완전히 깡통 찬 적이 있지만, 그 이후에는 전체 계좌로 큰 손실을 입은 적이 없습니다. 그러나 종목별로 보면 지금도 항상 실패와 성공을 반복하고 있습니

다. 지금도 실패와 성공을 반복하지만 제가 돈을 벌 수 있는 것은 성공 확률이 실패 확률보다 조금 더 높기 때문입니다.

해동선 : 성공의 길에 들어섰을 때의 투자 종자돈 규모는 어느 정도입니까?

남산주성 : 가치투자란 것을 어느 정도 어렴풋이 알게 되고 제대로 된 투자를 시작할 때의 금액은 1억 원 정도였습니다. 가치투자는 오늘의 저를 있게 만든 고마운 투자방법입니다.

해동선 : 투자로 힘들 때는 어디에서 위로를 찾습니까?

남산주성 : 투자로 힘들 때는 투자 지인들과 전화를 합니다. 좋은 투자자들이 주위에 있다는 것이 저에게는 큰 행운이라 할 수 있습니다.

2. 강방천 에셋플러스 회장의 투자조언

해동선 : 주식투자에 대해 한 말씀해주시죠.

강방천 : 먼저 드리고 싶은 말씀은 '주식은 너무나 훌륭한 수단'이라는 점입니다. 부자가 되는 방법은 부자와 함께하는

것입니다. 부자가 될 기업, 산업, 국가와 함께하면 누구나 부자가 될 수 있습니다. 부자와 함께하는 방법이 바로 주식입니다. 주식에 투자한다는 것은 부자가 될 기업과 함께하는 동반자 티켓을 사는 것입니다. 또한 좋은 주식을 보유한다면 단기적으로는 손실이 날 수도 있겠지만 결국 좋은 주식은 언젠가 매수가 이상으로 올라가기 마련입니다.

주식투자라는 것이 이처럼 좋은 것인데도 많은 사람들이 주식투자를 통해 어려움을 겪는 것은 주식투자가 무엇인지 제대로 배우지 못한 것이 가장 큰 원인입니다. 주식투자업계에 종사하는 사람으로서 정말 가슴 아픈 일입니다. 우리 전문가들이 좀 더 앞장서서 주식투자의 장점과 올바른 투자 방법에 대해 일반인들에게 좀 더 많은 정보를 제공해야 합니다. 그래야 국민이 편안해지고 국민이 부자가 되고 그래야 진정 부자 나라가 될 수 있습니다.

펀드 투자도 마찬가지입니다. 세상에는 가지고 싶은 좋은 기업들이 많이 있습니다. 예를 들면 람보르기니Lamborghini나 포르쉐Porsche를 만드는 회사도 있고, 루이비통Louis Vuitton이나 까르띠에Cartier와 같은 명품을 만드는 회사도 있습니다. 펀드 투자라는 좋은 제도가 있어 우리는 100만 원만 있으면 펀드를 통해 이들 같은 매력적인 기업의 주주가

될 수 있습니다. 얼마나 멋진 제도입니까?

　우리나라에서 펀드 문화가 정착되기 시작한 것은 불과 2~3년 전이었습니다. 펀드 문화가 한 10년 전쯤에 형성됐다면 얼마나 좋았을까요? 그랬다면 우리의 소중한 부를 외국인들이 저처럼 쉽게 가져가지도 않았을 것이고 지금쯤 우리나라 국민들은 엄청난 부자들이 되어 있었을 것입니다. 생각할수록 아쉬운 일입니다. 그러나 지금이라도 늦지 않았습니다. 우리나라는 비행기 타고 1시간 거리에 무려 15억 명이 넘는 사람들이 살고 있습니다. 두바이가 그렇게 천문학적인 비용을 들이고 있지만 두바이 주변에 과연 인구가 얼마나 될까요? 주변이 온통 사막뿐이고, 그런데도 비행기로 6시간이나 떨어진 프랑스 등 유럽인들이 굳이 두바이를 찾아 방문하는 일이 실제로 발생하고 있습니다.

　그런데 우리나라는 1시간 거리에 무려 15억 명이나 되는 사람들이 살고 있습니다. 6시간 거리에는 아마도 20~30억 명이나 되는 사람들이 살고 있을 겁니다. 정말 엄청난 일입니다. 이렇게 가까운 곳에, 이렇게나 많은 사람들이 살고 있습니다. 더 놀라운 사실은 이 많은 사람들이 점점 부자가 되어 소비를 늘리고 있다는 것입니다.

　우리나라는 정말 엄청난 기회를 맞이하고 있습니다. 중

국, 일본, 러시아, 베트남, 인도, 중앙아시아 각국인들의 지갑이 열리고 있습니다. 우리는 이 기회를 놓쳐선 안 됩니다.

해동선 : 이 기회를 어떻게 잡을 수 있을까요?

강방천 : 이들 나라가 발전한다면 분명 이들 나라의 핵심 기업들은 평균 성장률 이상으로 성장할 것이며, 부가가치 생산을 담당하는 것이 기업이기에 이들 나라가 성장한 부는 결국 핵심 기업들에게 상당수 돌아갈 것입니다. 따라서 우리가 이 엄청난 기회를 잡기 위해서는 이들 핵심 기업들을 소유하기만 하면 되는 것입니다.

외국인 투자자들이 IMF라는 절호의 기회를 타고 우리나라 부의 대부분을 생산하는 핵심 기업들의 지분을 상당부분 가져갔듯이, 이제는 우리가 이들 나라의 핵심 기업들을 소유해야 합니다. 그런데 과연 어느 기업이 핵심 기업이고, 또한 어떻게 해야 이들 기업에 투자할 수 있을까요? 개인 투자자들로서는 쉽지 않은 일입니다. 어떻게 하면 될까요? 간단합니다. 이런 기업에 투자하는 펀드에 가입하면 간단히 해결됩니다.

향후 전개될 거대 인구들의 지갑을 주목하고 이 지갑이 열릴 때 가장 큰 수혜를 입을 기업들을 발굴하고, 장기간 투자한다면 그 결과는 우리가 상상하지 못할 정도의 결과가 될 것입니다. 펀드란 이렇게 좋은 것입니다. 다소 늦은 감이 있지만 2005년부터 펀드 문화가 정착되기 시작한 것은 우리나라와 우리 국민을 위해 참으로 다행스러운 일이라는 생각입니다.

그런데 펀드가 좋은 제도이긴 하지만 실상을 살펴보면, 주식투자보다도 더 어렵고 힘든 것이 펀드 투자입니다. 주식은 실체가 있는 상품입니다. 주식을 산다는 것은 회사를 산다는 것이고 회사라는 실체가 있기에 주식투자가 어렵긴 해도 회사를 잘 살펴보면 되는 것이기에 펀드 투자보다는 쉽다고 할 수 있습니다.

펀드는 사실 실체가 없는 상품입니다. 주식을 사면 회사를 방문해서 잘 하고 있는지 살펴볼 수 있지만, 펀드라는 것은 실체가 없는 상품이기에 그렇게 하기가 쉽지 않습니다. 현재 주식형 펀드가 무려 136조 원이나 됩니다. 그런데 과연 펀드 소비자들이 펀드 회사로부터 얼마나 많은 정보를 얻고 있습니까? 누가 내 펀드를 운용하고 있는 것인지, 내 펀드에 편입된 종목들이 정말 좋은 것인지, 펀드가 적정한 가격에 종목을 편입하고 있는지 정말 펀드 투자자들은 궁금한 점이 많을 것입니다.

그런데 이런 궁금함을 해결해주는 펀드는 거의 없다고 해도 과언이 아닙니다. 어떻게 물건을 산 소비자들이 이런 대우를 받을 수 있는지 저로서는 이해가 되질 않습니다. 한두 푼도 아니고 무려 136조 원이라는 천문학적인 금액입니다. 이런 자금을 담당하고 있는 자산운용사들은 좀 더 많은 정보를 투자자에게 제공해야 합니다. 운용사들은 믿을 수 있는 펀드를 만들어 소비자들에게 제공해야 하고, 자신들을 믿고 자신들의 펀드를 구입해 준 소비자들에게 최선의 정보와 서비스를 제공해야 합니다. 이렇지 못한 현실이 참으로 안타까울 뿐입니다.

펀드는 자본주의가 만들어낸 참으로 지혜로운 상품입니다. 펀드를 통해 100만 원을 가진 사람이든 1억 원을 가진 사람이든 100억 원을 가진 사람이든 누구나 좋은 기업의 주인이 될 수 있는 것입니다. 이렇게 좋은 펀드 제도를 좀 더 안착시키고 소비자들이 만족할 수 있도록 만드는 것이 우리 자산운용업계에 종사하는 사람들의 책무일 것입니다.

해동선 : 주식투자로 힘들어 하는 사람들에게 한 말씀해주시죠.

강방천 : 주식에는 두 가지 종류가 있습니다. 결국에는 올라갈 주식과 결국에는 떨어질 주식입니다. 국민소득이 늘어날

수록 이익이 증가하며, 소비자 독점력이 있는 1~2위권의 좋은 기업들은 일시적으로 주가가 하락할 수는 있지만 장기적으로는 결국 주가가 올라가게 됩니다. 이는 결국에는 올라갈 주식입니다. 반대로 그렇지 못한 기업들, 예를 들면 시장 장악력이 없고 그저 그런 제품이나 상품을 팔고 특별한 강점이 없는 기업들은 결국에는 떨어질 주식입니다. 그런 주식에 투자해서는 장기적으로 수익을 내기 어려우며 손해를 안 보면 다행일 것입니다.

저는 그렇게 생각합니다. 주식은 결국 올라갈 주식, 결국 떨어질 주식, 이렇게 단 2종류의 주식만 있을 뿐입니다. 따라서 주식투자를 하는 사람들은 단기적 시세에 현혹되지 말고 결국 오를 주식에 투자해야 합니다.

해동선 : 가치투자란 무엇입니까?

강방천 : 가치투자자뿐만 아니라 주식투자를 하는 모든 사람은 "주가는 기업의 가치에 기인한다"는 확고한 신념을 가지고 있어야 합니다. 이것이 사실이기 때문입니다. 주가는 기업의 가치에 따라 변화합니다. 단기적으로는 그렇지 않은 모습을 보이지만 장기적으로는 언제나 그래왔습니다. 따라서 가치투자가 특별한 것은 아니고 주식투자 자체가 가치투

자입니다. 그런데 과연 어떤 지표에 비중을 두는가에 따라 동태적 가치투자, 정태적 가치투자로 나눠볼 수 있습니다.

해동선 : 정태적 가치투자와 동태적 가치투자란 무엇입니까?

강방천 : 정태적 가치투자란 기업의 재무제표에 집중해 PER나 PBR 등의 지표상 저평가에 주목하는 방법이고, 동태적 가치투자란 기업의 향후 성장성, 재무제표에 나타나지 않는 사업의 독점력, 성장성, CEO와 종업원의 자질, 브랜드 가치, 특허권, 고객 충성도 등 재무제표에는 나타나지 않지만 현재도 좋고 향후에는 더 좋아질 기업에 투자하는 방식을 말합니다.

사실 대형 우량주 중에는 정태적 저평가를 보이는 주식이 그리 많지 않습니다. 그러다 보니 가치투자를 하는 많은 사람들이 비교적 정태적으로 저평가 상태를 보이는 소형주 투자를 많이 합니다. 그러나 잘 생각해봐야 합니다. 정말 그 기업이 강한 기업, 경쟁력이 뛰어난 기업이라면 그 회사는 소형주에 머물러 있지 않고 대형주가 될 것입니다.

또한 업종이나 산업에 따라 기업 가치를 산정하는 방법이 달라야 합니다. 예를 들어 10조 원 가치의 금맥을 보유한 광산 회사가 연간 1000억 원어치만 생산하고, 1조 원 가치의 금맥을 보유한 광산 회사가 2000억 원의 매출을 올린다면, 물론 순이익은 후자가 더 높겠지만, 기업 가치는 전자가 더 높다는 것은 누가 봐도 당연한 일입니다. 이런 업종에 대해서는 수익성보다는 자산가치를 중심으로 기업을 평가하는 것이 맞습니다. 따라서 EPS보다는 BPS에 주목해야죠.

반대로 NHN과 같은 기업을 봅시다. 가지고 있는 자산은 그다지 크지 않습니다. 그러나 이 회사는 전 국민이 매일 접속하여 사용하고 소비하며, 거기에 소비자들이 직접 콘텐츠(댓글, 의견, 지식iN 등)를 생산해주고 있습니다. 놀랍지 않습니까? 소비자가 제품까지 생산해준다니 말입니다. 이런 기업은 자산가치로 평가해서는 절대 적정 가치를 평가할 수 없습니다. 이럴 경우에는 당연히 BPS보다는 EPS나 ROE 등 성장 지표로 평가를 해야겠죠.

이렇듯 기업을 평가하는 것은 업종이나 산업의 특성에 맞게 적절히 평가해야 합니다. 그러니 BPS에 집중한다거나 ROE에 집중한다는 것은 다소간의 위험이 있는 방식이니 유연한 자세가 필요합니다. 기업의 가치가 과연 어디에서 시작되는가를 파악하라는 것입니다.

주가가 올라가기 위해서는 순이익이 증가해야 하고, 순이익이 증가하려면 영업이익과 매출액이 증가해야 합니다. 매출액이 증가한다는 것은 소비자의 지갑이 열려 해당 기업의 제품이나 서비스를 구매한다는 것을 의미합니다. 그렇다면 기업의 가치는 과연 어디에서 시작될까요? 바로 소비자의 지갑입니다. 따라서 가치투자를 한다는 것은 소비자의 지갑을 본다는 것을 의미합니다. 소비자의 지갑이 어디로 열리는지는 어떻게 알 수 있을까요? 할인점, 백화점 등 소비자가 지갑을 여는 곳에서 확인할 수 있습니다.

서점이나 백화점, 할인점을 가보십시오. 잘 팔리는 물건은 직원들이 알아서 더 좋은 곳에 더 많이 진열하고, 그렇지 못한 상품은 진열된 지 얼마 안 돼 바로 밀려납니다. 할인점이나 백화점 운영자들은 바보가 아닙니다. 엄청난 돈을 들여 매장을 차리고 직원들 월급 주고 대주주 눈치를 봐야 하는 사람들입니다. 안 팔리는 물건은 절대로 오랫동안 좋은 자리를 차지할 수 없습니다. 이 점을 기억한다면 투자에 큰 도움이 될 수 있을 겁니다.

또한 소비자는 현명하다는 점도 잊어서는 안 됩니다. 소비자는 효용이 있고, 효용 대비 가격이 저렴한 제품이나 서비스에 지갑을 엽니다. 따라서 소비자가 지갑을 여는 기업, 즉 주가가 상승할 수 있는 기업은 소비자에게 좋은 효용을 제공해야 하고 또 적정한 가격에 제공할 수 있는 능력을 갖추어야 합니다.

해동선 : **좋은 펀드란 무엇을 말합니까?**

강방천 : 주식에는 전자공시사이트(dart.fss.or.kr)가 있지만 펀드에는 그런 좋은 정보 제공망이 없습니다. 기업에 대한 정보를 얻으려면 전자공시사이트에 가서 재무제표를 조회하고 사업내용을 보면 대략이나마 이 회사가 무엇을 하고 있는지 어떤 방향으로 가고 있는지 지배구조는 어떠한지 알 수 있습니다.

그런데 좋은 펀드인지 나쁜 펀드인지 아는 것은 참으로 어려운 일입니다. 그저 단기간 수익률이 좋다거나 유명 회사에서 만든 펀드이거나 요즘 유행하고 있는 상품에 투자하는 펀드라는 식의 정보는 있을지언정, 정말 이 펀드의 철학은 무엇이고, 탄생 배경과 운용원칙은 어떠하며, 누가 운용을 하고 있는지, 무엇에 투자하고, 어떤 비전을 가지고 있는지를 알기는 상당히 어렵습니다.

단기간 높은 수익률을 내는 것은 어려워 보여도 그리 어렵지 않은 일입니다. 최신 유행 업종에 투자하는 펀드에 가입한다면 상투를 잡을 가능성이 높습니다. 펀드 투자에서 가장 중요한 것은 운용철학에 기본을 둔 일관성, 운용철학에 따라 장기간 지속될 수 있는 지속성, 적절한 자산배분과 변동성 관리를 통한 안정성이 필요합니다. 그런데 펀드 투자자가 이런 자세한 정보를 과연 어디서 얻을 수 있겠습니까? 그래서 펀드 투자가 주식투자보다 더 어렵다는 얘기입니다.

우리가 펀드 직접 판매를 추진하는 것은 상당한 위험이 따르고 현실을 고려할 때 참으로 힘든 일입니다. 현실은 이러하지만 우리는 그 길을 가고자 합니다. 소비자에게 물건을 팔면서 단지 판매 대행사의 판매력에 의존한다거나 최신 유행 업종의 모방 펀드를 만들어 소비자에게 판다는 것은 고객이 진정으로 원하는 투자문화는 아닐 것입니다.

펀드 소비자는 지금보다 더 많은 정보를 얻을 권리가 있습니다. 냉장고, 세탁기 하나 사는데도 사용설명서와 꼼꼼한 설명, 애프터서비스가 주어지는데, 수천만 원, 수억 원, 수십억 원씩 가입하는 펀드에 이런 게 없다는 것은 말이 안 됩니다.

펀드 직판은 참으로 어려운 일이 될 것입니다. 은행, 보험 등의 판매사는 정말 강력한 존재들입니다. 이들의 이해관계에 상충되는 펀드 직접 판매는 상당한 리스크를 요하는 일입니다. 그러나 우리는 펀드를 직접 판매해 소비자들에게 펀드 문화에 대한 최선의, 최고의 정보를 제공할 계획입니다.

물론 가장 중요한 것은 펀드의 장기 수익률이겠죠. 최선의 정보, 최고의 서비스, 최소의 비용으로 최고의 장기 수익률을 내는 펀드를 만들어, 우리나라 사람들이 좀 더 편안하고 행복한 생활을 하는 데 기여하는 것이 제 꿈입니다.

해동선 : 미국, 중국, 한국 증시에 대해 한 말씀해주시죠.

강방천 : 미국과 일본은 현재 노년기, 한국은 장년기, 중국은 청년기에 위치하고 있습니다. 청년기는 미래를 준비하는 기간이고, 젊기 때문에 변동성이 높습니다. 지금 중국 경제는 청년기 경제입니다. 그러다 보니 변동성이 클 수밖에 없지요. 중국 증시에서 본격적으로 수익을 내는 시기는 지금의 청년기라기보다는 몇 년이 지나 안정화된 장년기가 될 것입니다. 그런 면에서 중국 증시는 Buy and Hold 전략보다는 고가 매도, 저가 매수 전력이 더 적합할 것입니다.

반대로 한국의 경우 장년기에 돌입했습니다. 미국은 1979년부터 1999년까지가 장년기였죠. 주식투자는 장년기에 투자해야 큰 수익을 올릴 수 있습니다. 미국의 장년기는 대략 20여 년 지속됐지만 일본의 장년기는 7~8년에 불과했습니다. 그렇다면 한국의 장년기는 과연 얼마나 지속될까요? 한국은 중국이라는 거대 시장이 바로 옆에 있기에 장년기가 상당히 길게 유지될 가능성이 높습니다. 그러나 그 기간은 우리가 얼마나 잘 하느냐에 달려 있습니다. 점점 부자가 되는 중국인의 지갑이 한국 쪽으로 열리도록 노력한다면 한국의 장년기는 20~30년 지속될 수도 있습니다.

그런데 요즘 중국에 가보면 놀랄 때가 많습니다. 교육, 의료, 관광, 레저, 금융 등의 산업을 한국이 주도하여 중국인들의 돈을 끌어들여야 하는데, 이미 중국인들이 이 산업을 집중 육성하고 있습니다. 한국이 주춤거리고 시간을 끌다 보니 우리가 해서 중국인들의 돈을 가져와야 하는데 이대로 가다간 오히려 우리가 중국에 지갑을 열어야 할지도 모릅니다.

한국의 정치인, 관료, 그리고 많은 분들이 이 점을 기억해 주셨으면 좋겠습니다. 우리는 한가할 시간이 없습니다. 좀 더 속도를 내서 이들 업종을 집중 육성하고 중국, 일본, 동남아, 러시아, 인도인들이 한국에서 지갑을 열 수 있도록 노력할 필요가 있습니다.

해동선 : 주식투자, 펀드 투자란 무엇입니까?

강방천 : 다시 말씀드리지만 주식투자는 정말 좋은 것입니다.

이렇게 좋을 수가 없습니다. 그런데 주식투자를 통해 오히려 피해를 보는 사람들이 있다는 것은 정말 가슴 아픈 일입니다. 주식투자로 이런 피해를 입지 않기 위해서는 "주가는 기업의 가치에 근거한다"는 확신을 가져야 합니다.

또한 세상에는 "결국엔 올라갈 주식, 결국엔 내려갈 주식, 이 두 가지밖에 없다"는 생각을 가져야 합니다. 결국 올라갈 주식은 시간이 지나면 언젠가 올라가서 투자자에게 큰 수익을 줍니다. 반대로 결국에는 내려갈 주식은 당장은 좋아 보여도 결국에는 투자자들을 비참하게 만듭니다.

마찬가지로 펀드도 정말 좋은 것입니다. 펀드 소비자에게 주어지는 정보의 양이나 애프터서비스는 너무나 적습니다. 이래선 안 됩니다. 펀드 소비자들에게 최고의 정보, 최선의 서비스를 제공해야 합니다.

주식투자를 하는 분들은 소비자의 지갑이 어디로 열리는지, 부자나 부자나라가 어떤 행동을 보이는지 항상 관심을 가지고 지켜봐야 합니다. 소득 탄력성이 높은 기업, 소득이 높아질수록 보다 많은 사람들이 구매하게 되는 상품들이 있습니다. 이들 기업은 기업들의 평균 성장률 이상으로 성장하며, 또 진입장벽이 있어 아무나 쉽게 뛰어들 수도 없으며, 경기가 좋지 않아도 덜 나빠지는 경향이 높습니다. 저는 이런 산업을 'High End Industry'라고 부르며, 우리가 투자할 기업들이 바로 전 세계의 'High End Industry'에 속한 종목들입니다.

5 일반적으로 적절한 자본의 한계 내에서 매수를 하고, 손실을 보든 이익을 보든 손실은 줄이고 이익은 키우라는 핵심 규칙에 따라 매도하는 것이 좋다. 이익이 생기면, 손실도 생기는 법이다. 작은 손실이 생겼을 때 손절매할 용기가 없다거나 너무나도 수익을 내기 원하는 마음은 치명적으로 위험하다. 많은 사람들이 이 때문에 파산한다.

투자자에게 가장 큰 적은 욕심이다. 주식시장에서는 뛰어난 투자자들도 자주 파산하는 일이 있는데 그 이유는 욕심 때문이다. 워렌 버핏은 "똑똑한 투자자가 망하는 이유는 바로 돈을 빌려 투자하기 때문이다"라고 했다. 한때 세계 최고의 헤지펀드였던 LTCM이 망한 이유도 과도한 레버리지 투자를 위해 너무나 많은 자금을 차입했기 때문이다. 차입금을 통한 투자는 성공할 때는 막대한 수익을 가져다주지만 주식시장의 변동성은 정규 분포에 따르지 않기에 너무나 자주 큰 변동성이 발생하며 레버리지 투자자를 파산시킨다. 따라서 적절한 자본의 한계 내에서 투자하라는 딕슨 와츠의 말은 그 중요성을 강조해도 지나치지 않을 것이다.

6 여론을 무시해서는 안 된다. 강력한 투기 흐름은 단기간 동안 시장을 지배할 수 있으며, 따라서 우리는 이를 주의 깊게 지켜보아야 한다. 여론에 따라 행동할 때는 조심스러워야 하고, 여론에 거스를 때는 대담하게 행동해야 한다. 시장과 함께 가는 것은 베이시스가 좋을 때조차 위험하다. 시장은 언제라도 방향을 바꿀 수 있으며, 동반자들을 비극으로 몰아간다. 모든 거래자들은 동반자가 많을 때 위험하다는 것을 알고 있다. 시장의 흐름에 역행할 때도 똑같이 주의를 기울여야 한다. 이 주의는 시장 참여자들이 확신을 잃게 되는 흔들림, 동요의 결정적 순간까지 계속되어야 하는데, 이 순간이야말로 강한 체력과 담대한 마음과 충분한 돈으로, 대담하게 이용해야 할 순간이다. 시장에도 사람과 같은 맥박이 있다. 의사들이 환자의 진맥을 짚듯이 거래자들도 시장의 맥을 짚어야 한다. 시장의 맥박이 어떠냐에 따라, 언제 그리고 어떻게 행동할 것인지를 결정한다.

어떤 투자자들은 시장이 항상 옳다고 생각하고, 또 어떤 투자자들은 시장은 항상 옳지 않다는 생각 하에 투자한다. 여기서 효율적 시장과 비효율적 시장에 대한 개념이 발생한다. 과연 시장은 항상 옳을까? 랜덤워크 투자자들은 그렇게 생각하며 주식을 사기보다는 지수 그 자체를 사서 장기 보유한다. 그러나 가치투자자들과 우수한 여러 헤지펀드 투자자들은 그렇게 생각하지 않는다. 벤저민 그레이엄은 미스터 마켓의 개념을 말하며 시장의 변덕에 대해 얘기했고, 워렌 버핏은 장기간 시장수익률을 초과하는 수익률을 거둠으로써 시장은 언제나 옳지 않으며 초과 수익을 올릴 수 있는 기회가 언제나 존재한다는 것을 입증했다. 또한 조지 소로스와 같은 사람은 시장은 항상 옳지 않다(불균형이론)는 판단 하에 투자를 하는데, 그의 눈에 군중은 항상 우매하며, 그러하기에 시장은 항상 비이성적이며 비합리적이다. 그는 이런 불균형에 주목하며 불균형이 발생한 곳을 찾아 투자하고 불균형이 해소됨으로써 투자 수익을 거둔다. 하지만 잊지 말아야 할 것은 시장의 광기는 언제나 상상을 초월한다는 것이며, 앨런 그린스펀Alan Greenspan은 이를 '비이성적 과열'이라고 표현했다. 어떤 강력한 투기 흐름이 발생할 때 이런 흐름은 현명한 투자자의 예상보다 더 긴 시간, 그리고 더 높은 가격으로 지속될 가능성이 언제나 존재한다. 따라서 투자자는 여론의 추이(일반 투자자들의 생각)를 주시해야 하며, 결정적 순간이 다가오기 전까지는 선물을 매도하거나 공매도를 하는 것을 삼가야 한다. 제시 리버모어도 그랬고 짐 로저스Jim Rogers도 그랬고 소로스도 그랬다. 세계의 대투자자들도 그들의 판단으로는 빠르지 않았지만 시장의 광기가 보기에는 너무 빨리 공매도를 침으로써 큰 손해를 보기도 했다. 또한 여론의 흐름, 즉 대세와 함께 가는 것은 베이시스가 좋은 경우라도 항상 조심해야 한다. 여론의 흐름은 한 번 형성되면 상당히 오랜 기간 지속되지만 한 번 바뀌기 시작하면 너무나 빠르고 쉽게 변하기 때문이다. 투자자들은 군중심리를 깊게 공부할 필요가 있다. 각자의 인간은 너무나 현명한 존재이지만 군중으로서의 인간은 우매하다. 군중심리를 이해하고 이를 활용하는 투자자들에게는 큰돈을 벌 기회가 열려 있지만, 그렇지 못하고 군중의 일원이 되는 투자자들은 언젠가 큰 손해를 볼 가능성을 내포하고 있다.

7 조용하고 약한 시장은 매도하기 좋은 시장이다. 이런 시장은 보통 하락장으로 나아간다. 하지만 시장이 조용하고 약한 상

태에서 활기차게 하락하며, 준공황 혹은 공황 상태까지 하락했을 때는 적절한 타이밍을 봐가며 매도한 물량을 되사들여야 한다. 반대로 시장이 조용하고 단단한 바닥에서 활기차고 강한 상승을 보이며 과열 상태로 전개될 때는 과감하게 매도해야 한다.

추세에 맞서지 말라는 격언이 있다. 시장의 광기는 언제나 상상을 초월하기에 시끄럽고 광기가 느껴지는 시장은 매수를 하거나 매도를 하거나 상당히 위험한 시장이다. 반면 조용하고 약한 시장은 매도하기 좋은 시장이다. 마치 산꼭대기에서 구르기 시작한 눈덩이처럼 처음의 하락은 조용하고 약하나 아래로 내려올수록 눈덩이는 커지며 그 움직임이 커지고 활기차고 광폭해진다. 따라서 조용하고 약한 시장이라고 해서 미래에도 그럴 것으로 생각해선 안 된다. 상승도 이와 같다. 처음에는 조용하고 약하게 시작하나 추세가 진행될수록 더욱 강하고 활기차지며 결국에는 극렬한 난폭함과 광기가 발생한다. 따라서 현명한 투자자들은 조용하고 약한 시장을 좋아해야 한다. 어리석은 투자자들은 광기가 난무하고 큰 시세의 움직임이 있을 때를 좋아하는데 군중심리가 바로 이러하며, 결과는 언제나 좋지 않았다. 시세의 흐름은 언제나 이와 같다. 조용하고 약함으로부터 시작해 활기차고 강한 움직임을 보이다 종말에는 거칠고 난폭하고 광기가 차고 넘친다. 투자자는 조용하고 약할 때 포지션을 취하고 광기가 차고 넘칠 때는 과감하게 매도해야 한다.

8 시장을 판단할 때, 우연이라는 요소를 간과해서는 안 된다. 아무리 치밀하게 계산한 최상의 판단이라 하더라도 우연한 사건이 발생하기 마련이며 이를 완전히 망가뜨리거나 어긋나게 할 수 있다. 나폴레옹은 군사작전 중 이러한 우연의 여지를 고려했다. 계산할 때는 계산할 수 없는 것까지 계산해야 한다. 우연한 사건으로 인한 피해까지 고려할 수 있는 거래자이야말로 진정한 고수라 할 수 있다.

많은 A급 투자자들이 우연적 사건에 의해 파산한다. 주식시장은 정규분포가 적용되지 않는 곳이며 그만큼 확률적으로 발생하기 힘든 사건들이 자주 발생한다. 따라서 과도한 레버리지는 언제나 큰 위험을 내포하고 있다. 1920년대 전설적인 트레이더 제시 리버모어도 결국에는 권총자살로 생을 마감했으며, 두 명의 노벨 경제학상 수상자를 보유하고 있던 LTCM도 이런 우연적 사건에 의해 파산했다. 나폴레옹은 군사작전 중 이러한 우연의 여지까지 고려했다고 한다. 투자자는 계산할 수 없는 것까지 계산해야 하며 우연한 사건으로 인한 피해까지 고려해 자금관리를 하고 투자 비율을 조정할 수 있는 거래자이야말로 진정한 고수라 할 수 있을 것이다.

9 특별한 정보보다는 일반적인 정보에 따라 행동하는 것이 낫다. 하수는 내부자나 작전 세력의 특별한 속삭임을 갈구하지만, 고수는 경제관료나 대주주가 제공하는 정보조차 원하지 않는다. 국내외 경제 흐름, 업황, 회사의 펀더멘탈에 따른 매매야말로 롱런의 비결이다.

특별한 정보는 단기간 달콤한 수익을 줄 수도 있겠지만 장기적으로는 투자자에게 큰 손해를 가져온다. 이는 역사가 입증한 결론이며, 나의 15년에 걸친 직접투자 경험에서도 확인한 바이다. 내부자 정보, 세력의 정보, 정보 관계자의 정보, 공무원의 정보 등 모든 특별한 정보는 단기적 수익을 줄 수는 있겠지만 장기적으로는 투자자의 눈과 귀를 가리고 투자자의 육감을 흐리게 해 적절한 판단을 할 수 없게 만들어 결국 투자자를 파산으로 몰고간다. 그래서 투자자는 특별한 정보를 악마의 속삭임으로 이해해야 한다. 특별한 정보를 알려주는 사람은 투자자에게 있어서는 악마와 같은 존재이다. 군자君子는 대로행大路行이라는 옛 말이 있다. 이는 투자자에게도 적용되는 말이다. 투자자는 항상 대로를 걸어야 하고 정도를 걸어야 한다. 특별한 정보를 추구하는 사람들의 결말은 언제나 좋지 않았다. 투자자는 대로행이란 말을 잊지 말아야 할 것이다.

10 통계 정보는 중요하다. 그러나 통계 수치는 전체 상황에 대한 폭넓은 시각 아래에서 재해석되어야 한다. 통계 수치에 너무 집착하는 사람은 길을 잘못 들기 쉽다. 캐닝은 말한다. "숫자만큼 헛된 사실도 없다."

주식투자를 하는 사람에게 각종 통계정보, 특히 거시경제 통계나 기업들의 실적에 관련한 통계는 중요하다. 그러나 잊지 말아야 할 것이 있다. 통계는 그저 숫자에 불과할 뿐이다. 기업의 강약은 수치(재무제표)에 의해서만 표현되는 것은 아니다. 또한 거시경제 통계는 평균적인 개념이고 투자자에게 중요한 것은 자신이 투자하고 있는 특정 기업, 특정 산업에 대한 통계가 중요하다는 것이다. 에셋플러스의 강방천 회장의 애기를 들어보자.

해동선 : 경제성장률과 주식시장과의 관계에 대해 말씀해주시죠.

강방천 : 경제가 성장한다는 것은 파이가 커진다는 것을 의미합니다. 그런데 그 파이를 가운데 놓고, 주주·채권자·노동자·사용자가 서로 이익을 많이 가져가기 위해 경쟁합니다. 따라서 경제는 성장하는데 채권자·사용자·노동자가 이익의 대다수를 가져간다면 주주의 이익은 크지 않을 것이며, 이럴 경우 주가가 올라가기는 쉽지 않을 것입니다. 투자자들은 이 점을 조심해야 합니다. 경제가 성장한다고 주식시장이 항상 좋은 것은 아닙니다.

금리가 올라간다는 것은 채권자의 몫이 증가한다는 것이며, 임금 상승률이 기업 이익 증가율보다 높다면 노동자의 몫이 커지는 것입니다. 부동산 가격이 올라간다면 지주의 몫이 커지는 것이고요. 주가가 상승하기 위해서는 주주 이익이 증가해야 합니다. 따라서 경제가 성장하고, 그리고 주주이익이 성장할 때 주식시장은 상승하는 것입니다.

해동선 : 거시경제 분석과 주식투자에 대해 말씀해주시죠.

강방천 : 경제지표는 국가 전체의 평균적 개념이며, 따라서 거시경제 분석은 국가를 이끄는 정치인, 관료들의 몫입니다. 우리 투자자들은 좀 더 구체적인 업종, 산업, 기업의 지표에 주목해야 합니다. 투자자들은 가끔 자신이 정치인인지 투자자인지 혼동하는 경우가 있는데, 주의할 필요가 있습니다.

11 의심스러울 때는 아무것도 하지 않는 편이 낫다. 반신반의한 상태에서 시장에 들어가서는 안 된다. 완전한 확신이 들 때까지 기다려라.

주식시장은 확신을 가지고 들어가도 자주 손해 보는 곳이다. 하물며 의심스러울 때는 두말할 나위가 없다. 의심스러울 때는 아무것도 하지 않는 편이 좋다. 좋은 기회, 확실한 기회가 찾아올 때까지 기다리고 기다려라. 물이 얕으면 큰 배가 뜰 수 없고 바람이 불지 않으면 큰 새가 날 수 없는 이치와 같다. 아무리 큰 배, 큰 새가 된다 해도 준비가 부족하고 기회가 아직 오지 않았다면 배를 띄울 수 없고 하늘을 날 수 없다. 그러하기에 태공망은 천하를 호령하기 전 팔십 인생을 기다리고 또 기다린 것이다. "새가 울지 않는다면 울 때까지 기다려라." 일본 전국시대 최후의 승자 도쿠가와 이에야스德川家康의 말이다. 기다림은 최선의 투자다. 확신이 생길 때까지 기다려라.

워렌 버핏은 말한다. "투자는 삼진이 없는 타자와 같다. 야구에서는 스트라이크 세 개에 아웃이 되지만, 투자에서는 아무리 많은 스트라이크가 들어와도 삼진을 먹지 않는다. 그저 내가 좋아하는 구질球質을 기다리고, 그것이 들어왔을 때 기회를 놓치지 않고 방망이를 크게 휘둘러 홈런을 때릴 뿐이다. 작은 기회의 놓침을 아쉬워하지 말고 손실 보는 것을 극도로 혐오하며, 내가 확신이 들 때 내가 자신 있는 종목에서 크게 휘두르고 크게 수익을 내자."

짐 로저스는 투자에 대해 말한다. "나는 그저 돈이 땅에 떨어질 때까지 기다릴 뿐이다. 구석에 앉아 돈이 땅에 떨어지길 기다리고, 땅에 떨어졌을 때 그저 몸을 굽혀 돈을 주울 뿐이다."

12 머리를 맑게 하고 스스로의 판단을 신뢰할 수 있도록 갈고 닦아라. 이것이 지금까지 얘기한 모든 거래의 기본

원칙이다. 큰 파동이 발생할 때를 대비해 투자자금을 준비하라. 그리고 그 순간이 찾아왔을 때 모든 힘을 쏟아 부어 강하게 휘둘러라.

　머리를 맑게 하고 스스로의 판단을 신뢰할 수 있도록 갈고 닦아라. 이것이 딕슨 와츠가 투자자에게 주는 마지막 가르침이다. 머리를 맑게 하라. 옳은 판단력을 유지하기 위해서는 머리를 맑게 해야 한다. 머리가 맑지 않아 판단력이 흐려질 때는 언제나 조심해야 하고 차라리 매매를 쉬는 것이 좋다. 투자는 평생 죽을 때까지 할 수 있는 일이며, 투자 대상은 주식뿐만 아니라 외환, 원자재, 금리 등 너무나 많이 있다. 그러니 주식시장이 상승한다고 하락한다고 조바심을 낼 필요가 없다. 투자의 세계는 미묘하고 오묘하다. 따라서 순간의 방심이 큰 화를 부르기도 한다. 따라서 투자자는 언제나 최상의 컨디션을 유지해야 하며, 컨디션이 좋지 않거나 심리가 불안한 상태에서는 투자를 자제해야 한다. 머리를 맑게 하고 스스로의 판단을 신뢰할 수 있도록 갈고 닦아라. 큰 파동이 발생할 때를 대비해 투자자금을 준비하고 그 순간이 찾아왔을 때 모든 힘을 쏟아 부어 강하게 휘둘러라. 세상 어느 분야든 대가大家들은 대부분 이런 방식으로 그들의 일을 처리하고, 투자 대가들의 거래 방법 또한 모두 이러하다. 투자자들은 항상 머리를 맑게 하고 비어 있는 마음 상태를 유지해야 한다. 그러기 위해서는 올바른 인생관과 삶의 자세가 필요하다.

13 내가 말한 규칙들을 실행하는 것은 쉽지 않을 것이다. 오직 재능 있는 사람만이 할 수 있을 뿐이다. 예술의 규칙은 오직 예술가 스스로에게 가치 있다. 여기에서 말한 절대 법칙과 상대 규칙을 마음 속 깊이 새겨 넣는다면 예술가의 길이 멀지 않을 것이다.